AF493868

LETTRES ÉCOSSOISES,

TRADUITES DE L'ANGLOIS,

Par M. VINCENT, Avocat.

SECONDE PARTIE.

A AMSTERDAM,

Et à PARIS,

Chez la Veuve DUCHESNE, Libraire, rue St-Jacques, au Temple du Goût.

M. DCC. LXXVII.

LETTRES ÉCOSSOISES.

LETTRE XXXIV.

MISS AURELI,

AU DOCTEUR TOWON.

JE vous avois mandé de m'adresser votre réponse à Genève; vous pouvez me la faire tenir à Paris, où je compte demeurer encore quelque tems.

Il n'est pas si facile qu'on le pense, de quitter cette Ville enchanteresse; tout y plaît, tout y amuse. Les femmes n'y sont pas comme ailleurs ; elles voient avec plaiſir une étrangere leur diſputer le prix de la beauté ; elles ſont charmées quand leurs maris lui font la cour : je crois que dans un cas de beſoin, elles lui céderoient un amant. Les hommes n'y ſont pas moins aimables. Soyez Anglois, Turcs, Tartares, ou Chinois, pourvû que vous ayez bonne mine, vous plairez à Monſieur, quand même vous ne plairiez pas à Madame: ce qui n'arrive pas ſouvent.

Tout eſt ici varié, Docteur, juſqu'aux amuſemens. Le plaiſir n'eſt point, comme à Londres, inſipide & monotone ; c'eſt un vrai Prothée, qui ſe montre ſous une infinité de formes. Au théâtre, il prend, pour m'égayer, le maſque riant de Préville, ou il ſe déguiſe ſous les traits de la ſpirituelle Luci ; quelquefois je le vois badiner, tantôt aux côtés de la ſenſible Guimart ; tantôt aux pieds de la ſéduiſante Allard : des hommes qui portent des lorgnettes, m'ont dit l'avoir vu ſe gliſſer un peu plus haut.

Si je quitte le théâtre, pour me rendre dans le plus beau jardin de l'univers, je l'apperçois ſous une figure, telle qu'on peint Adonis. Une troupe de Nymphes, plus belles les unes que les autres, lui font la cour, & ſe diſputent le bonheur de lui plaire. Croirois-tu, qu'au ſortir de ces lieux, je le trouve encore dans ces cercles où la raiſon préſide. Ne t'imagine pas qu'il s'y montre ſous la forme d'un jeune-homme léger, vif & ſémillant; c'eſt un vieillard reſpectable ; c'eſt l'ami, le protecteur des malheureux; c'eſt de tous les êtres le plus aimable, le plus bienfaiſant ; on le prendroit pour la vertu. Le frippon ſe déguiſe ainſi pour m'attrapper : qu'il m'attrappe toujours de même , je ne l'en aimerai pas moins.

ÉLISABETH AURELI.

A Paris, ce 16 Juillet 1764.

LETTRE XXXV.

MISS AURELI,

AU DOCTEUR TOWON.

DANS peu nous partons ; Waller eſt au comble de la joie ; pour moi je vous avouerai que j'ai toutes les peines du monde à abandonner Paris.

Je ne ſais où Milady Montaigut a été prendre tout ce qu'elle dit de cette Ville & de ſes Habitans. Elle trouve que Londres eſt beaucoup plus grande. La bonne Dame n'eſtimoit ſans doute les choſes, que par la longueur. Elle ignoroit que la grandeur d'une Ville, ne ſe meſure que par le terrein qu'elle occupe.

Ce qu'elle dit des femmes, n'eſt pas plus raiſonnable ; ſi on veut la croire, il n'y en a pas une ſeule de belle, & elle eſt étonnée comment on peut les aimer. Sa ſurpriſe pourroit être fondée, ſi, pour plaire, il falloit reſſembler aux Angloiſes; mais comme chaque peuple a une phyſionomie qui lui eſt propre, le François doit en avoir une qui n'appartienne qu'à lui.

Cette nation diffère de nous par ſon gouvernement, ſes mœurs, ſa politique, ſa façon de ſe mettre, & celle de ſe nourrir; il doit s'en-ſuivre néceſſairement une pareille différence dans les figures : reſte à ſavoir, qui des deux doit l'emporter ſur l'autre; pour ce qui regarde les hommes, il faut s'en rapporter aux femmes : mais pour ce qui les concerne elles-mêmes, leur ſentiment ne doit point être admis ; ce n'eſt qu'aux hommes qu'il appartient de décider : & malheureuſement pour les Angloiſes, ceux-ci leur font ſouvent appercevoir qu'elles ne valent point les Françoiſes.

Faites trouver dans un même cercle pluſieurs Cavaliers de différentes nations ; placez au milieu d'eux une des belles femmes de Londres ; mettez-y auſſi une des jolies femmes de Paris ; l'Angloiſe aura l'air de la Déeſſe Calypſo ; on croira voir dans ſa rivale la charmante Eucharis, & tous les hommes auront les yeux de Télémaque.

Quelque effort que faſſe une Angloiſe, jamais elle ne poſſédera comme une Françoiſe l'art de plaire & de ſéduire : la raiſon en eſt bien ſimple ; ſes traits, qu'on trouve ſi réguliers, n'ont point d'expreſſion ; ſes yeux, ſi beaux en apparence, diſent toujours la même choſe ; ſa bouche, qui appelle le baiſer quand elle ſe ferme, l'écarte quelquefois quand elle vient à s'ouvrir; sa taille si fine manque de proportion; sa démarche, qui paroît modeste, n'est que gauche & embarrassée: enfin, si elle pouvoit prétendre quelque supériorité sur sa rivale, ce ne seroit que dans le tête-à-tête; mais je ne la crois pas économe dans la distribution des plaisirs.

ÉLISABETH AURELI.

A Paris, ce 10 Août 1764.

LETTRE XXXVI.

MISS AURELI, AU MÊME.

HIER la Comtesse m'est venu voir ; j'étois occupée à faire les préparatifs de mon départ. Quoi ! c'est donc tout de bon, chere Miss, me dit-elle, en entrant, que vous voulez nous quitter. Je croyois que vous m'auriez au moins donné huit jours ; mais puisque vous me refusez ce plaisir, je vais me venger de votre peu de complaisance : oui, pour vous punir, il me prend envie de voyager.

La vengeance sera nouvelle, m'écriai-je : que diront vos amis, vos compatriotes, de vous voir ainsi courir le monde ? Ignorez-vous les fatigues qu'il faut essuyer, & les dangers auxquels on est exposé?

Je sais là-dessus à quoi je dois m'en tenir, me répondit-elle, en souriant ; vous voudriez me faire peur : mais vous n'en viendrez point à bout. Sans vanité, je crois avoir autant de courage que vous en avez. Pour ce qui regarde mes compatriotes, je m'en embarrasse fort peu ; nos femmes & nos femmelettes jâseront tant qu'elles voudront sur mon compte ; mon parti est pris ; je veux leur faire voir que nous sommes susceptibles d'une autre éducation ; que, quand nous le voulons, les difficultés ne nous effraient point : en un mot, je veux réformer mon sexe, donner le ton à mon pays, à ma nation. Voilà le motif qui m'engage à vous accompagner ; d'ailleurs nous aurons Waller avec nous : c'est un sage qu'il nous sera permis de consulter.

Pourquoi le consulter, lui dis-je toujours en plaisantant ? Pour que les choses aillent bien, il faut que cet homme nous soit soumis, nous obéisse, & n'ait de volonté que la nôtre. C'est fort bien imaginé, reprit-elle ; je ris d'avance du spectacle que nous allons donner ; il fera beau voir deux folles traîner un sage à leur suite, & le mener comme un enfant à la lisière. Si toutes les affaires se régloient ainsi, sait-on si elles en iroient plus mal ? Allons, continua-t-elle, faire part de cette idée à Waller. Sur le champ elle passe dans son appartement, lui dit le sujet qui l'amene, sort sans attendre sa réponse, & revient au bout de quelque tems, avec une malle, un Laquais & un petit chien. Je suis d'expédition, comme vous voyez, me dit-elle en entrant. Je n'ai pris avec moi que ce petit animal ; j'aurois pu me faire accompagner d'un Amant; mais parmi ceux qui me font la cour, je n'ai ſu lequel choiſir. Si je prends, ai-je dit en moi-même, un aimable homme, on me le volera en route : cela ne ſeroit point du tout amuſant. Si, au contraire, je jette les yeux ſur un ſot, il pourra me reſter; mais il m'ennuiera : ainſi, tout bien combiné, j'ai mieux aimé m'en paſſer. Madame de ...., en quittant Paris, n'y laiſſoit ordinairement que ſes bêtes; pour moi je n'y laiſſerai que mes amans. Qu'en dites-vous, chere Miſs ? Ne trouvez-vous pas que cela revient au même ?

Juſqu'alors j'avois cru que la Comteſſe vouloit plaiſanter, & je m'étois prêté de bonne-foi à ſon badinage; mais en lui voyant faire des préparatifs, je ne ſavois plus à quoi je devois m'en tenir. Quoi! férieuſement, vous voulez nous accompagner, lui dis-je . . . . . Sans doute ; ſans cela, à quoi ſerviroit cette malle...? Je n'en ſais rien ; mais... Mais quand je vous dis que je ſuis décidée à vous ſuivre... Tout de bon...? Tout de bon... Et vite embraſſez-moi, Comteſſe ; allons dire adieu à nos amis, & partons.

Cette femme vous paroîtra ſinguliere, Docteur ; elle n'en eſt pas moins aimable : avant de quitter Paris, je compte vous écrire encore.

ÉLISABETH AURELI.

A Paris, ce premier Septembre 1764.

LETTRE XXXVII.

Le Docteur Towon, A Miss Aureli.

J'Ai reçu vos lettres à la campagne, où je ſuis depuis quelque tems. Il étoit inutile de me prévenir ſur le compte de votre amie ; au portrait que vous m'en faites, j'aurois deviné qu'elle étoit aimable. *Si*, à l'étendue des connoiſſances, & à la délicateſſe du goût, elle joint les charmes de la phyſionomie, qu'elle doit être à craindre ! Prenez-y garde, au moins; elle pourroit bien rendre Waller infidèle. Ce ſont ces ſortes de femmes, qui ſoumettent ordinairement les Philoſophes, & qui (pour me ſervir de ſes propres termes,) les mènent comme des enfans à la liſière.

Telle fut autrefois parmi les Grecs la célèbre Aſpaſie. Telle a été parmi nous la fameuſe Olsfield, qui, non-ſeulement fit tourner la tête à tous les ſages de ſon tems, mais encore à toute la nation.

Adieu, belle Aureli; j'eſpere dans peu vous apprendre que Miſs Tilnei a recouvré ſa liberté.

JACQUES TOWON.

A Londres, ce 20 Septembre 1764.

LETTRE XXXVIII.

LA COMTESSE DE...

AU DOCTEUR TOWON.

MISS Aureli m'a communiqué votre lettre. Vous êtes Docteur, à ce qu'elle m'a dit ; je ne l'aurois jamais cru. Je connois bien des Docteurs dans mon Pays ; mais ils ne ſont pas ſi galants que vous, & ne me font jamais de complimens.

Il faut avouer que votre nation eſt bien ſinguliere. Par état, vous devriez n'aimer que le ſérieux ; cependant c'eſt chez vous autres que ſe trouve ce badinage léger, cette raillerie fine & ſpirituelle, & le vrai goût des belles choſes ; tandis que vos Mylords ſont ſi penſifs, ſi réfléchis, & ſi peu amuſans. Ils feroient bien mieux de refter dans leur Ifle ; & vous devriez voyager : vous nous divertiriez au moins quelquefois ; mais vous ne nous aimez pas affez pour cela, & vous feriez bien fâché de ne pas nous faire du mal en tout tems.

Pendant la guerre, vous venez faire des defcentes fur nos côtes ; nous ne le trouvons pas mauvais : au contraire, cela nous amufe, parce que nous favons le moyen de vous faire retourner de force, fi vous ne voulez pas vous en aller de bonne amitié ; mais en tems de paix nous n'avons pas le même avantage. Il faut que nous vous fouffrions malgré nous dans notre Pays ; vous avez beau nous faire mourir d'ennui, nous n'avons feulement pas la liberté de vous en avertir : vous avouerez que cela eft fort trifte, pour de pauvres femmes qui n'aiment quà rire.

Mais finiſſons toute plaiſanterie ſur ce qui regarde vos compatriotes; je ſais que cela ne vous plaît pas: d'ailleurs vous pourriez prendre votre revanche ſur les miens. Comme je ſuis bonne Françoiſe, j'aime mieux me taire, plutôt que de les expoſer à vos traits ſatyriques: changeons de propos: parlons de choſes qui n'aient aucun rapport avec le caractère des deux nations.

Je fus hier à la Comédie Françoiſe avec votre aimable couſine. On donnoit une Tragédie de M. le Mierre; la Pièce n'eſt pas parfaite; mais elle eſt remplie de beautés qui en font excuſer les défauts. Le rôle d'Hypermneſtre eſt intéreſſant; celui de Danaüs eſt bien fait; on y reconnoît le vrai caractère d'un tyran. Dans quelques Pièces modernes, ce perſonnage eſt ſouvent un imbécile ſans courage, ſans vue, ſans jugement, ſans politique. On eſt étonné de trouver les uns montés ſur le trône, & de voir les autres y aſpirer.

LA COMTESSE DE...

A Paris, ce 15 Octobre 1764.

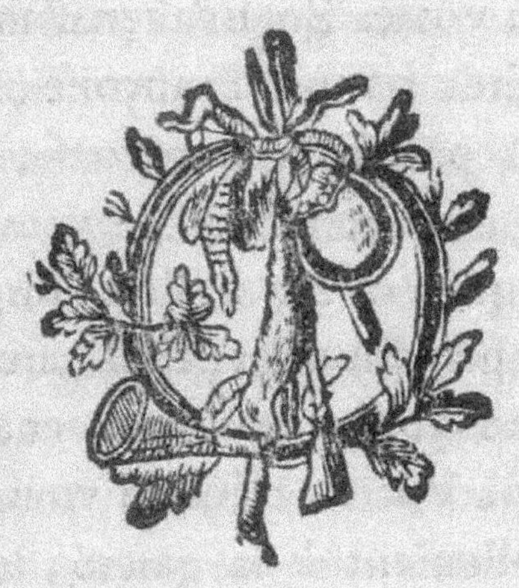

LETTRE XXXIX.

LE DOCTEUR TOWON,

A LA COMTESSE DE...

QUOIQUE vous diſiez beaucoup de mal de mon Pays, je n'en dirai pas du vôtre. En m'avertiſſant que vous êtes bonne Françoiſe, vous m'avez preſcrit ma réponſe.

Je me contenterai de vous faire remarquer que, ſi l'Anglois vous paroît peu amuſant, c'eſt parce que vous ne voulez pas vous entendre avec lui. Votre caractère vous porte naturellement à la gaieté ; le ſien l'entraîne vers le ſérieux : mais comme il eſt des tems pour toutes choſes, l'Anglois ne s'occupe pas toujours à penſer, & je rends trop juſtice à votre nation, pour croire qu'elle paſſe tous ſes momens à badiner & à chanter. Je crois donc que, pour le bien des deux peuples, il faut convenir du tems qu'on doit employer à ſe réjouir. Sans cette précaution, il arrivera que, dans l'inſtant où vous voudrez vous amuſer, l'Anglois voudra réfléchir; & lorſqu'il lui prendra envie de rire à ſon tour, il vous plaira peut-être de faire la mine & de bouder: pardonnez-moi ce terme, Madame; il ne vous regarde en aucune façon. Je ſais qu'en tout tems vous êtes aimable; vous avez même l'art de plaire en raiſonnant, & vous écrivez de façon, qu'on eſt forcé de vous accorder ce que le grand Corneille & M. Rouſſeau ont refuſé à toutes les femmes.

Les défauts que vous reprochez à quelques Auteurs du Théâtre François, pourroient s'appliquer aux

Auteurs du Théâtre Anglois. On ne dira point de nos Poëtes ce qu'on a dit de Rubens. Ce Peintre fameux enrichiſſoit ſes tableaux, en s'y peignant ſoi-même. Preſque tous nos Tragiques défigurent leurs perſonnages, ſoit qu'ils ſe mettent à côté d'eux, ſoit qu'ils aient la maladreſſe de prendre leur place. Ce défaut eſt viſible dans preſque toutes nos Pièces modernes; on y découvre toujours le Poëte & ſes foibleſſes.

La cauſe de cette difformité vient de ce que l'Auteur manque d'imagination. Il en a bien aſſez pour rendre ce qui ſe paſſe ſous ſes yeux; mais il en manque, quand il eſt queſtion de rendre les objets éloignés. Son âme ne peut point oublier ſa propre nature, pour prendre celle des Héros qu'il veut repréſenter. On pourroit le comparer à ce Peintre de portraits, dont le coloris égaloit

celui

celui des plus grands Maîtres, qui, voulant peindre Diomède, combattant contre Mars, repréſenta le Dieu de la guerre avec une énorme perruque, & le Général Grec avec une queue qui lui tomboit ſur les épaules.

Quant au défaut de l'imagination, on ne ſubſtitue que de l'eſprit ; c'eſt bien peu pour un ouvrage tel qu'une Tragédie : ſans imagination, point de génie ; & ſans génie, l'on ne fait rien de grand.

C'eſt à la beauté de ſon imagination, qu'Homere eſt redevable de ſa ſupériorité ſur ſes rivaux. Sans elle auroit-il mis dans la deſcription de ſes combats, ce feu, cette variété, dont aucun Poëte, depuis lui, excepté le Taſſe, n'a jamais pu approcher. Il eſt ſi grand Peintre dans ces momens, qu'on s'imagine, en le liſant, être préſent à l'action. On eſt forcé, malgré soi, de prendre parti ; on se précipite au milieu de la mêlée, & on marche hardiment à côté d'Ajax : c'est alors qu'on croit entendre le hennissement des chevaux, le bruit retentissant des armes, & le cri des combattans. Par-tout ce n'est qu'horreur, qu'épouvante. Tout annonce la mort, tout tremble, tout fuit devant le terrible fils de Télamon. On s'indigne de ce que l'obscurité dérobe à ses coups les Troyens, & on s'écrie avec lui : Jupiter ! rends-nous la lumière, & fais-nous périr après, si tu le veux.

JACQUES TOWON.

A Londres, ce 5 Novembre 1764.

LETTRE XL.

TOMPSON, A WALLER.

TANDIS que tu cours le monde avec une fille charmante, & que tu passes avec elle d'heureux momens, devine ce que fait ton ami. Sous l'habit d'un simple Paysan, il habite la plus triste des chaumières, boit de l'eau, mange du pain noir, passe le jour & la nuit à gémir, & à se désespérer : on le prendroit pour un véritable Espagnol, qui fait pénitence auprès du château de sa Maitresse.

Je crois que l'Amour, cher Waller, a résolu de me faire périr. Jamais Amant fortuné n'approcha de l'endroit où je suis : excepté ma cabanne & la demeure de la tante de ma chere Charlotte, tout n'offre ici qu'un désert affreux.

Sur le penchant d'une colline escarpée, s'éleve la maison de cette impitoyable femme; ce fut là qu'elle vint, il y a trente ans, jurer aux hommes une haîne éternelle; c'est dans ce même endroit, que Miss Tilnei, sans cesse obsédée par cette Mégère, passe tristement ses jours.

Que faire, ami, dans un pareil embarras? Aide-moi, je te prie, de tes conseils; je t'avouerai que j'ai été tenté plusieurs fois de renoncer à la possession de Miss Charlotte. Qui sait, ai-je dit en moi-même, si cette fille m'aime encore? qui sait si sa tante n'est point venue à bout de lui faire prendre sa façon de penser? Peut-être rit-elle à présent de ma crédulité. Cette idée s'empara hier tellement de mon esprit, que je cessai un instant de l'aimer.....

C'en étoit fait, ami, j'allois l'oublier pour toujours. Déjà je regrettois mes anciennes liaisons; déjà je reprenois le chemin de Londres, quand le hazard me fit jeter les yeux sur son portrait, que j'avois retiré de ma poche sans y faire attention. Au bas de ce portrait étoient gravés ces mots, qui auroient dû l'être dans mon cœur : *Miss Tilnei n'aimera jamais que le Lord Tompson.* Te dire ce que je devins après les avoir lus, tu le devines bien, sans que je te l'apprenne. Tu crois voir ton ami plus amoureux que jamais, rougissant d'avoir pu soupçonner la vertu de sa chere Charlotte, & regagnant sa cabanne avec plus de précipitation qu'il ne l'avoit quittée. Si tu as vu tout cela, cher Waller, je t'en félicite. Daigne l'Amour conserver des yeux qui voient les choses de si loin. Que ce même Dieu me donne le courage dont j'ai besoin dans ce moment. Qu'il me fasse pénétrer jusqu'à Miss Tilnei. Qu'il m'entende abjurer à ses pieds l'instant où j'ai pu cesser de l'aimer. Que son affreuse tante & ses hideux satellites soient témoins de notre bonheur, sans pouvoir l'empêcher. Qu'ils en poussent des cris de désespoir & de rage; ou, si tu me refuses cette grâce, Amour; si désormais mes yeux ne doivent plus rencontrer ceux de mon adorable Charlotte; si je suis privé pour toujours du plaisir d'entendre cette voix, dont les sons enchanteurs ont tant de fois pénétré mon âme d'une douce volupté; s'il ne m'est plus permis de considérer ces traits que tu as pris soin d'embellir toi-même, sers du moins ma vengeance. Fais que cette maudite vieille devienne amoureuse du plus difforme des hommes; qu'elle en soit haïe & déteſtée ; qu'elle mette autant de tems à courir après lui, qu'elle en a mis à nous fuir. Abîme la demeure qui lui ſert de retraite ; & que les femmes, par cet exemple terrible, apprennent ce qu'elles te doivent, & ſachent que le plus grand des crimes eſt de ne point aimer.

TOMPSON.

A Londres, ce 24 Novembre 1764.

LETTRE XLI.

WALLER, A TOMPSON.

SI tu as cru me faire rire, Tompſon, tu t'es trompé ; déſabuſe-toi ; tu ne m'as fait que pitié. J'ai été fâché de voir que tu conſervois encore du goût pour tes anciennes liaiſons. Tes ſoupçons ſur Miſs Charlotte, & tes imprécations contre ſa tante, me donneroient une très-petite idée de ton âme, ſi je te connoiſſois moins.

As-tu déjà oublié tout ce que cette aimable fille a fait pour te plaire ? Ne te ſouvient-il plus qu'elle a préféré ton amour aux grands biens qui devoient lui revenir ? Ni les careſſes ni les menaces de ſa tante n'ont pu l'ébranler un inſtant. Fortune, parens, rivaux, juſqu'à ſa liberté, elle t'a tout ſacrifié. Elle t'eût donné ſa vie, ſi tu l'avois exigé : cependant, tu ôſes ſoupçonner ſa vertu.

Dis-moi, le plus ingrat des hommes ! depuis quand n'en coûte-t-il rien pour être heureux ? le Guerrier s'expoſe à mille dangers, pour acquérir un peu de gloire, qui ſouvent n'eſt que chimérique. Un pauvre Auteur ſue ſang & eau, & meurt de faim, pour un peu de fumée ; & l'amant de l'adorable Charlotte, ſûr d'être aimé, craindra de faire un pas, pour s'aſſurer le premier des biens, le ſeul, peut-être, où puiſſe aſpirer, ſans baſſeſſe, l'homme généreux & ſenſible !

Tu me demandes des conſeils, Tompſon ; je n'en ai qu'un à te donner. Reſte toujours attaché à Miſs Tilnei, ton bonheur en dépend. Si tu étois aſſez lâche pour l'oublier, je te prédis que tu deviendras le plus malheureux des hommes. Tu es vif, emporté, quelquefois même extravaguant. Tu as besoin de quelqu'un dont la douceur serve à corriger l'âpreté de ton caractère ; Miss Charlotte est précisément ton affaire. Il seroit à craindre que tu ne la rendes malheureuse ; mais ta probité, & ton cœur vraiment bon, me rassûrent. Ces qualités sont à toi, mon ami ; fais-en usage. Pour tes défauts, ils te sont étrangers ; tu les as pris dans ces sociétés où tout est corrompu jusqu'au langage: crois-moi, prends de ta personne une plus haute idée ; estime-toi davantage, & cesse de fréquenter des hommes aussi méprisables. As-tu quelquefois vu leurs cœurs sensibles à la pitié? Les as-tu surpris pratiquant la moindre vertu? Connoissent-ils les devoirs sacrés qu'impose l'amitié? L'honnête-homme persécuté a-t-il jamais trouvé parmi eux un protecteur, un appui ? s'ils ont étendu la main vers lui, c'étoit pour l'accabler, & non pour le soulager. Sois de bonne-foi, Tompson ; à ces traits tu reconnoîtras tes anciens amis.

WALLER.

A Paris, ce 6 Décembre 1764.

LETTRE XLII.

MISS AURELI,

AU DOCTEUR TOWON.

LA voiture est prête ; la Comtesse & Mylord sont déjà montés ; je les entends qui m'appellent ; ils attendront, s'il leur plait, que j'aie fini ma lettre : avant de quitter ce Pays, je suis bien-aise de vous en parler encore.

Plus j'examine cette nation, plus je me vois forcée de lui rendre justice. Elle se fait un plaisir de nous prêter des vertus que nous n'avons pas, & de nous élever au-dessus d'elle. Tant de bonhommie, ou pour mieux dire, tant de générosité, me paroît préférable au sot orgueil de nos insulaires ; j'aime mieux un peuple doux, compatiſſant, qui a le défaut de ne pas s'eſtimer aſſez, qu'un peuple dur, impérieux, extrême dans ſes paſſions, ne voyant jamais les objets tels qu'ils ſont, & preſque toujours la dupe des fourbes & des enthouſiaſtes.

En France on vous accueille, on vous ſourit, on vous tend les bras, & on ſe prête à votre façon d'exiſter. En Angleterre on rebute, on mépriſe tout ce qui a l'air étranger; pour plaire à la nation, il faut prendre ſon maintien, ſon encolure, louer juſqu'à ſes ſottiſes, s'extaſier aux repréſentations du monſtrueux Shakeſpear, & dire que Londres eſt la premiere Ville de l'Europe, parce qu'elle a une grande Égliſe, une belle Bourſe, une Tour bâtie par le Roi Guillaume, & un Wauxhal qui peut contenir trois-mille filles de joye.

L'éloge que je fais de la nation Françoise, ne m'empêche pas d'appercevoir ses défauts ; je sais qu'elle en a. Peut-être, de François à François, ce peuple ne vaut-il pas mieux que nous. Peut-être n'est-il humain & sociable qu'avec les étrangers. Quand cela seroit, je lui donnerois toujours la préférence. J'attends votre réponse à Genève, où je compte être dans peu.

ÉLISABETH AURELI.

A Paris, ce 23 Décembre 1764.

LETTRE XLIII.

TOMPSON, A MISS AURELI.

MISS, j'ai écrit à votre Amant; je lui ai fait part de l'embarras où j'étois; le méchant, au-lieu de chercher à me consoler, a pris plaisir à m'humilier, & à me rendre le plus petit des hommes; est-ce ainsi qu'on en use avec ses amis? Lui qui accuse les autres de ne pas connoître les devoirs qu'impose l'amitié, les connoit-il ces mêmes devoirs? Non, sans doute. Son cœur dur & farouche n'aima jamais que lui.

Apprenez, fille charmante, apprenez à me connoître. Je vais vous révéler des secrets, dont Miss Tilneï ne vous a jamais fait part.

Sachez donc, divine Aureli, que

jusqu'à présent vous avez mal connu votre amie ; sous les dehors d'une feinte indifférence se cachoit l'âme la plus sensible. Bien des années se sont écoulées, avant que je me sois apperçu du mérite de cette fille adorable. Entraîné par mon goût dominant pour le plaisir, je n'appercevois en elle qu'une statue, que l'Amour même ne pourroit pas animer ; & je préférois le jargon de nos coquettes, leurs grimaces & leur ton maniéré, à ces grâces naïves, à cette simplicité de mœurs, qui, aux yeux du sage, l'emporte sur la beauté.

Heureusement pour moi je ne restai pas long-tems dans cette erreur. La vie tumultueuse & dissipée que je menois pour lors, ne tarda pas à me fatiguer. J'éprouvai au-dedans de moi-même un vuide affreux, qui me fit sentir que le bonheur n'étoit pas où je l'avois cherché ; mais où le trouver ce bonheur, & en quoi le faire consister ? Jeune encore, & sans expérience, comment aurois-je fait pour ne point m'égarer ? Peut-être le chercherois-je encore, si Miss Tilnei elle-même n'eût pris soin de m'éclairer.

Depuis quelque tems, cette aimable fille s'étoit retirée avec sa tante à la campagne. Sans trop savoir pourquoi, il me prit envie de l'imiter ; j'avois une terre voisine de la sienne, je m'y rendis ; le goût des plaisirs & de la dissipation m'avoit éloigné d'elle. L'ennui de moi-même m'en rapprocha.

Je ne fus pas long-tems sans appercevoir quelque conformité entre sa façon de penser & la mienne ; souvent je la trouvois à l'écart distraite & rêveuse ; quelquefois je surprenois ses regards fixés sur les miens ; & presque toujours dans ces momens, je l'entendois ſoupirer. Tout autre que moi ſe fût aiſément apperçu qu'elle étoit agitée de quelque paſſion ſecrette, & peut-être en eût-il deviné l'objet ; mais le commerce des femmes de Londres m'avoit entiérement gâté le cœur & l'eſprit. J'étois aſſez injuſte pour croire que toutes ſe reſſembloient, & que l'attrait du plaiſir pouvoit ſeul diriger leurs actions. Parmi celles que j'avois fréquentées, je n'en avois pas rencontré une ſeule de ſenſible. Les croyant toutes formées de même, je ne ſavois à quoi attribuer la mélancolie de Miſs Charlotte, & je n'avois garde d'imaginer que j'en étois la cauſe.

L'idée fauſſe que je m'étois formée du caractère de Miſs Tilnei, m'occaſionna une infinité de bévues. Vous auriez ri de la façon dont je m'y prenois pour la conſoler & la rendre à elle-même. Qu'avez-vous ? lui demandai-je un jour que nous nous promenions ſeuls. Belle Tilnei, vous ſoupirez. Hélas ! oui, me répondit-elle ingénuement, cela m'arrive toutes les fois que je me trouve ſeule avec vous. J'en ſuis ſurpris, lui répondis-je ſottement ; j'ai plus ſujet que vous d'être triſte : cependant je ne ſoupire pas. A quoi cela ſerviroit-il ? Je ne ferois qu'aggraver mes maux. Vous ne ſoupirez pas, Monſieur ? Tant pis pour vous. Vous n'aimez donc point. Miſs Charlotte, en prononçant ces derniers mots, baiſſe les yeux, laiſſe échapper quelques larmes, ſoupire encore, & s'éloigne d'auprès de moi.

L'éloignement de Miſs Tilnei me rendit preſque immobile. Je la vis partir, ſans faire le moindre effort pour l'arrêter ; je ne ſavois à quoi attribuer ſes larmes & ſes ſoupirs :

c'eſt un enfant, dis-je en moi-même, qui pleure aujourd'hui, comme elle pleuroit autrefois pour avoir une poupée. Tout en parlant ainſi, je la ſuivois des yeux; qu'elle me parut bien faite! c'étoit pour la premiere fois que je m'en appercevois; comme ſa taille eſt développée, m'écriai-je! quelle légèreté! que de grâces! je crus voir Daphné qui fuyoit devant Apollon. Cette idée fit naître dans mon cœur un ſentiment, qui juſqu'alors m'avoit été inconnu. Ce ſentiment m'éclaira ſur le compte de Miſs Tilnei, & je devinai la cauſe de ſes larmes.

Le plaiſir que je goûtai dans ce délicieux moment, ne m'empêcha pas de ſentir tous mes torts envers Miſs Charlotte. Ce fut en vain que je me rappelai les dernieres paroles de cette aimable fille; en vain l'amour-propre vint-il à mon ſecours; je n'apperçus en moi qu'un imbécile qui ne méritoit pas d'être aimé.

Tandis que je perdois mon tems à me rendre juſtice, Miſs Tilnei s'éloignoit toujours. J'allois la perdre entiérement de vue, lorſqu'entraîné, comme malgré moi, je me mis à courir après elle. Figurez-vous pour un inſtant le Dieu Pan pourſuivant la belle Syrinx, ou, ſi vous l'aimez mieux, l'éleve de M. Rouſſeau courant après la tendre Julie, & vous n'aurez encore qu'une légère idée de la rapidité de ma courſe. Déjà j'appercevois le bas d'une jambe, telle que Pallas en fit voir une autrefois ſur le Mont Ida. Déjà je pouvois diſtinguer la couleur de ſes cheveux, qui, s'étant détachés, flottoient au gré du vent, & donnoient une nouvelle grâce à ſon attitude & à ſa marche : enfin j'étois ſur le point de la rejoindre, quand je me vis arrêté par la racine d'un arbre, contre laquelle mes pieds heurtèrent violemment. Ma chûte eût été dangereuse, si Miss Tilnei, qui, heureusement pour moi, tourna la tête dans ce moment, n'eût fait un pas pour me recevoir dans ses bras. O vous qui connoissez si bien l'amour, que n'étiez-vous présente alors ? Vous auriez vu votre tendre amie me presser contre son sein ; vous auriez été témoin de son trouble & de son inquiétude, à la vue du danger que j'avois couru ; vous l'auriez vu, uniquement occupée de moi, oublier de me dérober des charmes que ma chûte avoit un peu dévoilés ; vous m'auriez vu moi-même, ivre d'amour & de plaisir, me précipiter à ses pieds ; vous auriez ouï le serment que je fis de l'aimer toujours ; enfin vous l'auriez entendu elle-même me dire : Tompson, vous m'aimez, je le crois; pour en faire autant, je n'ai point attendu votre aveu, je n'aimerai jamais que vous. Tu n'aimeras jamais que moi, chere Tilnei; & je pourrois t'oublier! je pourrois, malgré mes sermens, porter à quelque autre un cœur qui t'est devoué depuis si longtems! Non; avant que Tompson devienne parjure à ce point, il aura cessé d'être.

Adieu, belle Aureli; pardonnez-moi, si j'ai pris la liberté de vous ouvrir mon âme; je viens de vous la montrer telle qu'elle est. Jugez maintenant si j'ai mérité les reproches que me fait votre Amant. Dites à cet homme cruel, que je le défie de vous aimer plus que je n'aime Miss Tilnei.

TOMPSON.

A Londres, ce 7 Janvier 1765.

LETTRE XLIV.

Miss Aureli, a Tompson.

Mylord, il falloit d'abord vous adresser à moi, & ne pas consulter Waller. Les hommes de son caractère gâtent toujours tout ; au-lieu d'augmenter vos maux par de durs reproches, j'aurois voulu vous faire trouver du plaisir jusques dans votre situation; votre cabanne, embellie par mes soins, vous eût paru préférable à nos riches appartemens. Pour vous engager à pénétrer jusqu'à Miss Tilnei, j'aurois semé de fleurs tous les précipices qui se trouvent entre votre demeure & la sienne ; je vous aurois représenté cette aimable fille inquiette sur votre sort, & prête à vous recevoir dans ses bras : en m'y prenant ainſi, je vous aurois forcé de rendre grâce à l'Amour, de toutes les tracaſſeries qu'il vous ſuſcite.

Tromper un Argus, épier le moment favorable, ſoupirer après l'inſtant du plaiſir, ſavoir le lire dans les yeux de ſa belle, l'y faire naître, s'il n'y eſt point encore; ſans toutes ces difficultés, que deviendroit l'amour? Ce ſont ces obſtacles qui nous rendent plus précieux l'objet dont nous ſommes épris. Un Amant animé par l'attente de la volupté, dévore d'avance dans le fond de ſon cœur les charmes de ſa Maitreſſe. Il parcourt, quoiqu'éloigné d'elle, toutes ſes beautés, & il compte les baiſers dont il va la couvrir; & lorſque l'inſtant qui doit les unir eſt arrivé, ils ne reſſentent, point ni ces langueurs ni ces dégoûts, qu'entraîne après ſoi une jouiſſance tranquile; la même ardeur, le même feu pétille dans leurs yeux ; l'une eſt toujours belle, toujours avide de plaiſirs ; l'autre toujours amoureux, & toujours prêt à en donner des marques.

Par le portrait que je viens de faire, Mylord, apprenez à connoître l'amour ; encore un pas, & Miſs Tilnei eſt à vous. Si cette aimable fille ne vous a point encore tout accordé, ſoyez ſûr de l'obtenir. Notre vertu, (n'allez pas dire que vous tenez cela de moi,) eſt bien foible, & tient peu contre les attaques d'un homme qui a tout riſqué pour nous plaire.

ÉLISABETH AURELI.

A Genève, *ce* 14 *Janvier* 1765.

LETTRE XLV.

LE DOCTEUR TOWON, A MISS AURELI.

SEREZ-VOUS toujours la même, ma chere cousine ? L'Anglois ne pourra-t-il jamais prétendre à votre estime ? Verrez-vous toujours ses défauts, sans daigner faire attention à ses bonnes qualités.

Examinez un instant toutes les nations de l'Europe ; voyez s'il en est une seule qui puisse être comparée à la nôtre. Ses richesses immenses, l'étendue de son commerce, sa puissance maritime, à laquelle rien ne peut résister ; & plus que tout cela, la sagesse de ses Loix & de son Gouvernement, la font rechercher & respecter de ses voisins.

Le François même, que vous admirez tant, est forcé de reconnoître sa supériorité : cet aveu, que personne ne lui arrache, devroit vous engager à lui rendre plus de justice.

Pendant le peu de tems que vous avez séjourné à Paris, vous croyez avoir appris à connoître le François ; vous vous trompez ; vous n'en avez vu que la superficie ; un maintien élégant, des airs & des mines, des grâces quelquefois ; tout cela vous a frappée, vous a éblouie ; vous avez trouvé ce peuple charmant, parce qu'il vous amusoit ; vous ne vous êtes pas apperçue qu'il vous jetoit de la poudre aux yeux, afin que son véritable caractère vous échappât.

Ce que vous dites de nos femmes est encore plus déplacé ; vous devez les connoître ; il entre de la méchanceté dans le portrait que vous en faites ; on diroit que vous prenez plaiſir à les enlaidir & à leur prêter des ridicules.

Simple dans ſes mœurs, modeſte dans ſon langage, plus occupée de ſon ménage que de ſa parure, partageant ſa tendreſſe entre ſes enfans & ſon époux, & n'empruntant pour plaire que le ſecours de ſes charmes, à ce portrait fidele reconnoiſſez une Angloiſe.

Paſſer tous les jours deux heures à ſa toilette, être aujourd'hui careſſante, demain froide & indifférente, veiller la nuit, dormir le jour, ne pas trouver de maiſon pire que la ſienne, rougir des dons que la nature a prodigués, y en ſubſtituer d'autres qui ne les valent pas : telles ſont preſque toutes les Françoiſes.

A laquelle des deux croyez-vous qu'un homme raiſonnable donne la préférence ? A la première, j'ôſe répondre pour lui, & je ne crains point qu'il me désavoue.

Adieu belle Aureli; pour plaire vous n'avez pas besoin d'être mordante & satyrique : contentez-vous d'être aimable & spirituelle.

JACQUES TOWON.

A Londres, ce 21 Janvier 1765.

LETTRE XLVI.

LA COMTESSE, AU DOCTEUR TOWON.

C'EST donc vous, Docteur, qui dites que votre nation l'emporte sur la nôtre. Sur quoi, je vous prie, fondez-vous vos prétentions ? Voulez-vous regarder comme un droit réel, une chose qui n'est que l'effet de notre complaisance ? C'est notre façon d'agir avec tous les orgueilleux : apprenez à nous mieux connoître. Nous vous cédons quelquefois la première place parmi les nations de l'Europe, comme on la cède aux femmes dans les sociétés ; le tout par politesse : vous n'en feriez pas autant; je n'en ſuis pas ſurpris; car vous ne ſavez pas vivre.

Vous reprochez à Miſs Aureli de n'avoir jugé de nous, que par nos airs & nos mines; quand cela ſeroit, qu'en réſulteroit-il? que nos mines valent mieux que les vôtres, & qu'un ſapajou gentil, qui fait rire, eſt préférable à un ours mal léché qui fait peur.

Mais ce n'eſt point par nos airs, que nous avons cherché à plaire à cette aimable fille, c'eſt en nous montrant tels que nous ſommes; c'eſt en eſtimant la vertu par-tout où elle ſe trouve, même chez nos ennemis: voilà les moyens que nous avons employés pour plaire à votre parente. Que l'Anglois ſe comporte de même, nous ne ſerons pas fâchés de le voir partager avec nous l'affection générale.

Je ne sais où vous avez été prendre tout ce que vous dîtes de vos Dames Angloises. Au portrait que vous en faites, je m'imagine voir la bonne Eve du Paradis perdu. Oui, Docteur, vous faites des efforts impuissans, pour peupler votre Isle de femmes raisonnables. Le peu qu'il y en a ne vaut pas la peine qu'on en parle ; c'est chez-nous qu'il faut venir pour en trouver. M. Rousseau l'a dit ; & tout ce que dit M. Rousseau sur notre compte, doit passer pour vrai : n'en déplaise à vos compatriotes, chez qui la vertu simple & toute nue n'a pu trouver un asyle.

Je ne fais que badiner dans ma lettre ; mais attendez-vous à une réponse sérieuse de la part de Miss Aureli ; l'éloge pompeux que vous faites de votre nation, ne l'a point ébloui. Ses richesses, l'étendue de son commerce, son gouvernement, tout cela va être apprécié. Je crains bien qu'il ne lui reste de tout cet attirail, que ses billets de banque.

LA COMTESSE DE...

A Genève, ce 28 Janvier 1765.

LETTRE XLVII.

MISS TILNEI, A MISS AURELI.

JE ſuis au comble de la joye ; Tompſon eſt le plus aimable des hommes, & je ſuis la plus heureuſe des femmes.

Mylord n'eut pas plutôt reçu ta charmante lettre, que dès le jour même il tenta l'impoſſible pour me délivrer. Je te ferai part une autre fois des moyens dont il s'eſt ſervi pour pénétrer juſqu'à ma demeure ; apprends ſeulement, que, pour réuſſir dans une pareille entrepriſe, il falloit aimer comme lui.

Pardonnez, chere Miſs, me dit-il, en ſe préſentant à moi, ſi je ne donne pas mes premiers ſoins à l'Amour. Il faut ſonger à quitter ces triſtes lieux ; ne perdons point de tems ; j'ai des chevaux qui m'attendent au pied de la colline, avec une eſcorte pour nous accompagner. Venez, belle Tilnei, n'appréhendez rien, fiez-vous à Tompſon.

Je t'avouerai que je ne balançai pas un inſtant à faire ce qu'il exigeoit de moi. La crainte de reſter éternellement dans cet endroit ; ſa préſence, à laquelle je ne m'attendois pas ; le feu qui ſortoit de ſes regards ; cet air décidé que tu lui connois ; l'Amour qui ne permet pas de réfléchir dans ces momens : tout, ma chere Auréli, contribua à me faire illuſion ſur la démarche que j'allois faire ; je m'abandonnai à lui ſans réſerve ; je n'ai point eu lieu de m'en repentir : mon Amant eſt devenu mon Époux.

Depuis cet heureux jour, Tompſon n'eſt pas reconnoiſſable ; ce n'eſt plus cet homme emporté, indocile, inappliqué, qui ne daignoit pas faire attention à l'existence des autres, & qui comptoit pour rien leur estime & leur amitié. Aujourd'hui c'est de tous les mortels le plus laborieux, le plus sociable. Il a consacré au bonheur de ses concitoyens, tous les momens qui ne sont pas pour moi; & pour me servir des propres termes du Lucrece François,

On diroit que l'amour, dont son cœur est ému,
Exalte encore en lui l'amour de la vertu.

Hâte-toi, ma chere Aureli, d'achever tes voyages; reviens avec Waller auprès de nous; ne faisons ensemble qu'une seule famille, réunissons sous le même toît l'Amour & l'Amitié, & qu'on dise après nous: Tant qu'ils vécurent ils furent époux fideles & amis sincères.

CHARLOTTE TILNEL.

A Londres, ce 5 Février 1765.

LETTRE XLVIII.

MISS AURELI,

AU DOCTEUR TOWON.

AVEZ-VOUS oublié, Docteur, que je ſuis Écoſſoiſe ? Ignorez-vous l'anthipatie qui règne entre nos deux peuples, quoiqu'ils obéiſſent au même Prince ? Pourquoi me faire un crime de ne pas penſer comme vous ſur le compte de votre nation ?

Comme la matière que je traite eſt ſérieuſe, & mérite quelque attention, écartons-nous de cet eſprit de parti, qui rétrécit les idées, & empêche de voir les objets tels qu'ils ſont. Débarraſſons-nous de nos préjugés patriotiques. Vous, quittez votre ton de ſupériorité ; moi, j'oublierai pour un instant l'aversion qu'une âme forte doit avoir pour des Maîtres illégitimes.

Pour ne pas profiter de tout mon avantage, Docteur, je ne me contenterai point d'examiner si le François est actuellement supérieur à l'Anglois. Je veux remonter jusqu'aux siécles les plus reculés, & tâcher de découvrir dans l'histoire un tems où l'Angleterre l'a emporté sur sa rivale.

La Gaule étoit déjà fameuse par ses expéditions, ses conquêtes, ses émigrations, avant qu'on sût qu'il existoit un Pays qu'on a nommé la grande Bretagne.

Ouvrez Polybe, Docteur; & lisez-le, si vous pouvez, sans vous intéresser au sort de cette nation franche & courageuse. On y découvre le germe des défauts, & de toutes les qualités qui la caractérisent aujourd'hui. Rome, dans une ſeule bataille qu'elle livre contre eux, perd le fruit de deux-cents ans de victoires. Un degré de diſcipline de plus chez les Gaulois, ou un degré de vertu de moins chez les Romains, c'étoit fait de l'Empire de ces mêmes Romains; & de ſa deſtruction, s'enſuivoit la liberté de l'Univers.

Les Gaulois, après avoir fait trembler Rome, vaincus à leur tour, illuſtrent leur défaite, en aidant à leurs conquérans à ſubjuguer le monde. Céſar ne crut point faire de meilleur préſent à Craſſus, qu'en lui donnant ſa Cavalerie Gauloiſe. Dans cette journée, ſi fatale aux Romains, eux ſeuls eurent le courage de diſputer la victoire. Sans s'effrayer de la façon de combattre des Parthes, ils ôſérent les attaquer corps à corps; & rendant par-là leurs armes inutiles, ils les précipitèrent de deſſus leurs chevaux. On vit dans ce combat, le plus singulier qui se soit jamais donné, la force seule lutter contre l'art & la valeur réunis : elle eût triomphé, peut-être, si le timide Crassus eût secondé l'intrépidité des Gaulois.

Rome, avec la plus grande partie de ses forces, commandée par le plus habile de ses Généraux, désespéra long-tems de pouvoir soumettre la Gaule. Cézar, tout grand-homme qu'il étoit, employa dix années à la conquérir, & vit plus d'une fois fuir ses légions ; tandis qu'Agricola, comme le rapporte Tacite, vint à bout avec quelques cohortes, de dompter les Bretons, & les empêcha de remuer par la seule disposition de ses troupes.

De toutes les Monarchies actuelles de l'Europe, la France est celle qui s'est le plus distinguée par ses grandes actions d'éclat, qui annoncent dans un peuple de l'activité & du génie. On la vit ſous un de ſes premiers Chefs, partager avec les Romains, & Théodoric, Roi des Viſigoths, la gloire d'avoir défait Attila. Sous Clovis, c'eſt un État puiſſant qui fait la loi à ſes voiſins. Si les ſucceſſeurs de ce Prince ne furent que des imbéciles couronnés, c'eſt une tache, dont la honte ne doit rejaillir que ſur une famille : le Souverain lui ſeul ne fait point la nation.

Pluſieurs ſiècles après, les Maures ſortis de leurs déſerts, font trembler l'Europe, après avoir conquis l'Eſpagne. Quelle autre nation que la France eût été capable d'arrêter ce torrent dans ſon cours ? quel Général oppoſer au conquérant Africain, ſi ce n'eſt Charles Martel, le plus grand-homme de ſon tems, le ſeul qu'on puiſſe comparer à Céſar. Actif, laborieux, intrépide dans le danger, possédant au suprême dégré l'art de la guerre; croyant n'avoir rien fait, quand il lui restoit quelque chose à faire; exempt de tous préjugés, pensant dans un siécle barbare, comme l'on a pensé depuis dans un siècle philosophique, sorti victorieux de deux-cents combats; enfin, semblable en tout au Dictateur Romain, les mêmes lieux servirent de théâtre à leur gloire; Charles se contenta d'être utile à son Pays, & respecta le trône: mais il enseigna à son fils le chemin qu'il falloit prendre pour y monter.

On a dèjà remarqué, que dans toute notre histoire moderne, on ne trouveroit pas trois Princes, qui aient règné successivement, qu'on puisse comparer à Martel, Pepin & Charlemagne. Ce dernier fut si grand, qu'il mérita de partager avec le fameux Aaron-Rafchild, l'eftime & l'admiration de l'Univers connu. Sa puiffance fut telle, que tous vos Rois d'Angleterre l'appeloient leur Maître, & ne traitoient avec lui, que comme des fujets traitent avec leur Seigneur.

Outre fes États, qui étoient confidérables, l'Efpagne jufqu'à l'Ebre, & prefque toute l'Italie, lui étoient foumifes.

Tout ce qui compofe aujourd'hui les cercles de l'Empire, les États actuels de la Maifon d'Autriche, ceux du Roi de Pruffe, la plus grande partie du terrein que le Turc poffède en Europe, reconnoiffoit fon Empire, ainfi que cet immenfe Pays qui s'étend depuis le Boriſthene, jufqu'à l'embouchure de la Viftule.

A quoi s'occupoient vos Bretons? Concentrés dans leur Ifle, divifés entre eux par des guerres inteftines, ſans loix, ſans politique, ſans gouvernement déterminé, n'ayant preſque point de liaiſon avec les autres nations de l'Europe, ils faiſoient conſiſter toute leur gloire à ſe battre pour le choix des tyrans.

Il s'élevoit alors en Italie une Puiſſance, par des moyens inconnus aux Souverains de l'Europe. Les premiers Chefs de cette puiſſance, tantôt perſécutés, tantôt protégés par les Empereurs, bornèrent d'abord leur ambition; mais leurs vues s'étant aggrandies avec le tems, ils changèrent de ſyſtème, & jetèrent les fondemens de cette hiérarchie, dont, abſtraction faite de la Religion, l'Aſie avoit fourni le modèle, il y avoit plus de mille ans. Rome, abandonnée par ſes Maîtres, fut choiſie par eux pour être le centre de leur domination.

On eſt étonné, quand on conſidere avec quelle adresse des vieillards presque caducs, sans finance & sans armée, sont venus à bout de se former un État assez considérable. Charlemagne, en augmentant les forces de cette puissance, ne prévit pas les maux qu'il préparoit à ses successeurs. Tout habile qu'il étoit, il fit voir dans ce moment qu'il n'avoit pas hérité de tout le génie de son ayeul. Ce défaut de politique occasionna tous les troubles, qui, après lui, bouleversèrent l'État, & fut cause du peu de tems que sa race a règné. Je ne crains pas même d'avancer que c'est à cette Puissance qu'il faut rapporter l'origine de ce gouvernement, dont on ne trouve point d'exemple chez les Anciens (*a*). On l'attribue communément à la foiblesse des Princes de la

(*a*) Esprit des Loix.

ſeconde race ; mais ceux de la premiere furent encore plus foibles : cependant ſous leur règne, le gouvernement ne perdit rien de ſa force & de ſon autorité. D'autres cauſes que la foibleſſe des Rois, ont donc contribué à ſon établiſſement. Pour rendre cette idée plus claire, il faudroit la développer & remonter aux premiers tems de la Monarchie : mais je m'écarterois trop de mon ſujet.

J'ai beau parcourir l'Hiſtoire, je ne vois pas que les Anglois aient joué un rôle important avant Guillaume le conquérant. Ils ne parurent même à craindre, qu'après la réunion de la Normandie à l'Angleterre. Cette réunion n'empêcha pas cependant le plus brave de leurs Rois de ſuccomber ſous le génie de Philippe-Auguſte.

Le vrai tems de la ſupériorité des Anglois, fut ſous Edouard III. Ce

Prince, aidé du courage de son fils, triompha plusieurs fois de toutes les forces de la France ; & si le Ciel n'eût fait naître un sage pour le salut de cette même France, la Loi Salique n'existeroit peut-être plus.

Sous Henri V, & pendant la Régence du Duc de Betfort, les Anglois furent par-tout victorieux ; mais la gloire de leurs succès ne leur appartient pas tout-à-fait. La foiblesse du Monarque, la haine d'Isabelle de Baviere envers l'héritier du trône ; & plus que tout cela, l'animosité des Ducs de Bourgogne, dont la puissance égaloit celle du Souverain, contribuèrent beaucoup aux humiliations, que la France éprouva pour lors.

Je ne parlerai point de Richard II, de son Successeur, ni de Richard III ; l'Histoire de ces Princes ne présente qu'un amas d'horreurs, de crimes

&

& d'assassinats. Henri VII, il est vrai, fut un grand Roi: mais on ne peut le comparer à Louis XII; il n'eut pas ses vertus. Rapin-Thoiras lui reproche de n'avoir travaillé que pour lui, sans avoir rien fait pour la nation.

Me voilà parvenu enfin à l'époque la plus intéressante de l'Histoire de l'Europe. Tout change dans ce moment; une race d'hommes, pour ainsi dire nouvelle, se forme; les connoissances se multiplient, le Prince apprend à ne plus distinguer ses intérêts de celui de son peuple; déjà l'on commence à entrevoir le vrai; deux hommes seuls occasionnent cette révolution; l'un monté sur le trône, l'autre né dans l'obscurité.

Christophe Colomb, en découvrant le nouveau monde, détruisit plusieurs préjugés, & fut le premier ſage. J'aime à le voir, inſpiré par le génie, former un projet qu'on regarde comme chimérique, & l'exécuter, malgré les obſtacles qu'il lui faut ſurmonter. Qu'il m'inſpire de reſpect, quand je conſidere qu'il eſt peut-être le ſeul Eſpagnol vertueux, qui, de ſon tems, ait abordé en Amérique !

Ce grand Homme méritoit d'avoir pour protecteur un Prince juſte, éclairé, & non le plus fourbe des Souverains. Je voudrois, pour le bien de l'Humanité, qu'il fût venu trente ans plus tard ; la réputation de François Premier l'auroit attiré dans ſes États ; ce Prince, dont l'âme étoit naturellement porté au grand, l'eût ſecondé de toute ſa puiſſance ; & le pere des Lettres, en inſtruiſant l'Amérique, au-lieu de la dépeupler, eût fait le bonheur de ces malheureuſes contrées, comme il a fait celui de l'Europe.

Si ce Prince n'eût été qu'un sophiste, tel qu'Henri VIII, ou qu'un ambitieux comme Charles-Quint, nous serions encore des barbares; c'est à son amour pour les sciences, que nous devons l'avantage de l'emporter par les talens, sur l'Asie & l'Afrique. Avant lui, on les cultivoit, il est vrai, en Italie; mais elles se ressentoient de la contrainte dans laquelle vivent ses habitans. Les Arts ingénieux, tels que la Poësie & la Peinture, y étoient déjà parvenus à un certain dégré de perfection; mais l'art de penser y étoit totalement inconnu, & il n'étoit pas trop permis de s'y servir de sa raison. Il y avoit donc lieu de craindre que les sciences ne dégénérassent en pédantisme, comme chez les Grecs, ou que la superstition ne les forcât tout-à-fait au silence, en leur prescrivant des bornes encore plus étroites.

François Premier évita ce malheur au monde, en leur donnant un aſyle digne d'elles ; c'eſt alors qu'elles prirent l'eſſor, & qu'elles connurent tout le prix de la liberté. Si dans le commencement, elles ne fructifiérent pas autant qu'on avoit lieu de l'eſpérer, on ne doit s'en prendre qu'au malheur des tems ; il ne s'en fit pas moins une révolution dans les eſprits ; & quel que ſoit notre orgueil, nous ſommes forcés de convenir que c'eſt du ſol heureux de la France, qu'eſt ſorti ce génie, qui, le premier, nous a montré le chemin qu'il falloit prendre pour parvenir à la vérité.

Tous les Hiſtoriens du ſeizième ſiécle, les Poëtes, les Sçavans, ont célébré la mémoire de ce Prince ; mais, en faiſant ſon éloge, ils ont oublié de dire qu'il fut le plus grand politique de ſon tems. L'idée fauſſe qu'on avoit de cette ſcience, leur fit donner la préférence à Charles-Quint. François Premier lui fut autant ſupérieur de ce côté-là, qu'il le ſurpaſſoit en courage. Sa politique n'étoit pas artificieuſe, comme celle de ſon rival ; elle ſe reſſentoit de la grandeur de ſon âme ; il étoit trop généreux pour avoir recours à ces affreux moyens, dont celui-ci ſe ſervit quelquefois pour parvenir à ſes fins. Il connoiſſoit trop la véritable gloire, pour employer ces ruſes, qui annoncent pour le moment, dans celui qui s'en ſert, (quelque grand qu'il ſoit d'ailleurs,) de la foibleſſe & de la médiocrité. Souvent il n'oppoſa aux vues ambitieuſes de ſes ennemis, que la voie de la négociation. Ce fut plus par ce moyen, que par la force de ſes armes, qu'il rendit inutile le projet que Charles avoit formé d'une Monarchie univerſelle. L'alliance qu'il contracta avec quelques Puiſſances du Nord, ſervit de leçon au fameux Cardinal de Richelieu, pour abaiſſer dans la ſuite la Maiſon d'Autriche. Si la nation Françoiſe eſt conſidérée dans le Levant ; ſi elle jouit de quelques priviléges à la Porte ; ſi le nom de ſes Rois y eſt plus reſpecté que celui des autres Souverains, c'eſt à François Premier qu'elle en eſt redevable.

Tandis que ce Prince attiroit les regards de toute l'Europe, par ſa bienfaiſance, ſa généroſité, & la protection qu'il accordoit aux gens de Lettres ; Henri VIII, le plus impérieux des Souverains, ſe laiſſoit dominer par un Miniſtre encore plus impérieux que lui. Ses défauts, ſi l'on excepte une certaine magnificence, n'étoient rachetés par aucune vertu. On a ſouvent pris, pour de la franchiſe, ce qui n'étoit qu'une ſuite de ſon orgueil & de ſa préſomption. Les foibleſſes du Monarque François tenoient à l'Humanité, & ne ſervoient qu'à rendre ſa perſonne plus aimable. Celles de Henri ſe reſſentoient de la biſarrerie de ſon caractère. On peut le comparer du côté de l'Amour à Mithridate; chez-lui cette paſſion dégénéroit toujours en fureur, & ſa cruauté avoit beaucoup de rapport avec celle de Tibere. C'eſt cependant à ce Prince que nous devons notre conſtitution actuelle; & ce qu'il y a de plus étonnant, ſes vices y ont plus contribué que ſes talens.

Je paſſerai rapidement ſur quelques règnes ſuivans. Qu'aurois-je à peindre? des Rois ſtupides, des Chefs ambitieux, des Miniſtres de paix cruels & ſanguinaires, des mœurs douces, troquées contre des mœurs atroces, des Sujets opprimés, &, pour achever le tableau, la religion ſervant de prétexte à tous les crimes. Détournons nos regards de ces horreurs; fixons-les ſur Henri IV & Eliſabeth: c'eſt à eux que commence la véritable grandeur des deux nations.

Tous deux ne parvînrent à la Couronne, qu'après avoir été formés par l'adverſité. Eliſabeth, perſécutée par Marie, ſe comporta avec tant de prudence, qu'on devina pour lors ce qu'elle ſeroit un jour, ſi jamais elle venoit à monter ſur le trône; Henri, à peine âgé de quatorze ans, donne des conſeils, dont on reconnut trop tard la ſageſſe. Déjà le Grand-Homme s'annonce; il ne lui manque plus que la liberté de ſe faire connoître. Eliſabeth, qui avoit appris à diſſimuler dans ſa jeuneſſe, pour conſerver ſes jours, porta dans le maniement des affaires une certaine finesse qu'on ne pardonne pas aux Souverains. Henri ne vécut point assez à la Cour, pour se faire une habitude de la dissimulation, il reprit bientôt son caractère de franchise. Quelquefois Elizabeth sépara ses intérêts de ceux de la nation. Henri, devenu Roi, n'en connut jamais d'autres que ceux de son peuple. Tous deux eurent une âme sensible; mais Elisabeth aima ses amans, comme Henri auroit dû aimer ses maitresses. Jamais elle ne se laissa dominer par eux. Le Monarque François se vit souvent forcé d'exercer sa valeur contre ses propres Sujets; ses lauriers furent presque toujours teints de leur sang, & le théâtre de ses exploits ne passa point les limites de la France. Elisabeth, plus heureuse, eut le moyen de déployer ses talens contre les ennemis du dehors; ses flottes triomphèrent par-tout : c'eſt elle qui, la première, fit connoitre à l'Anglois l'emploi qu'il devoit faire de ſa puiſſance ; elle l'obligea de renoncer à ſa vieille politique, en lui faiſant voir, combien il lui ſeroit déſavantageux de chercher à s'aggrandir en Europe. La nation, éclairée par ſa Souveraine, tourna toutes ſes vues du côté de la mer, & donna tous ſes ſoins à s'en aſſurer l'Empire. Le ſuccès ne tarda pas à couronner ſes travaux ; ſon commerce s'étendit dans toutes les parties du monde connues ; ſes flottes couvrirent toutes les mers ; de-là les établiſſemens conſidérables qu'elle a formés en Afrique & dans l'Inde ; de-là les conquêtes qu'elle a faites en Amérique : conquêtes qui, tôt ou tard, ſecoueront le joug de la Métropole : mais qu'une Puiſſance étrangère lui enlevera difficilement, parce que dans un Pays éloigné, l'avantage doit toujours rester à celui qui, le premier, est en état de réparer ses forces.

Si l'Angleterre doit beaucoup à Elizabeth, la France doit encore plus à Henri IV; tout est perdu pour une nation, & il n'y a presque plus pour elle d'espérance de grandeur, quand ses mœurs se trouvent changées avant le tems, quand le citoyen a perdu sa liberté politique, & que le Gouvernement civil est tout-à-fait corrompu. Tel fut l'État de la France sous Charles IX & son successeur. Ce n'étoit plus ce peuple, dont on admiroit la générosité du tems de François Premier. La politique affreuse de Catherine de Médicis, ses abominables maximes, avoient commencé par infecter la Cour; la contagion s'étoit repandue dans les Provinces; une superstition d'un genre nouveau, introduite par elle, avoit achevé de gâter les esprits.

Henri ne fut pas plutôt monté sur le trône, qu'il s'occupa du soin de corriger les abus qui s'étoient introduits dans le Gouvernement. Comme il connoissoit l'esprit des courtisans, & qu'il savoit que son prédécesseur s'étoit perdu en les écoutant, il éloigna de lui ces âmes basses, qui ne peuvent avoir de considération, qu'autant que le Maître est vicieux, & il ne donna sa confiance, qu'à des hommes dont il avoit éprouvé les talens. Les ruses ultramontaines ne présidèrent plus aux délibérations du Conseil; elles se virent réduites à cabaler sourdement contre Henri. Ce grand Prince, plus occupé du bonheur de ses peuples, que de la conservation de ses jours, fit de sages réglemens qui conciliérent les esprits, autant que les circonstances pouvoient le permettre. Ses finances, administrées avec économie, lui procurèrent le moyen d'encourager les arts ; il donna surtout son attention à cette partie du peuple, qu'on avoit le plus négligé jusqu'alors. Par les sages mesures qu'il prit, l'harmonie se trouva bientôt rétablie dans les différens corps de l'État ; ses vertus se communiquèrent à ses Sujets, épurèrent les mœurs, & la nation reprit son premier caractère.

Heureux le peuple qui peut se souvenir d'avoir été gouverné par un tel Monarque ! Sa mémoire sera toujours chere aux citoyens vertueux ; ses maximes seront sans cesse dans leur bouche ; les Princes régnans, en entendant parler de lui, voudront savoir ce qu'il a fait pour se faire adorer ; ils l'imiteront peut-être : c'eſt ainſi que le nom des Antonins, même après leur mort, ſervit à réprimer la tyrannie, & fit encore le bonheur de l'Empire.

Richelieu eut la gloire d'achever ce que Henri avoit ſi bien commencé. Pendant ſon Miniſtère, l'adminiſtration de l'Etat ſe perfectionna. Il ſut donner de l'occupation à une partie des Grands, & les empêcher de veiller tout-à-fait à leurs intérêts. Là, où ſa politique ne ſuffiſoit pas, il ſavoit employer la force. Perſonne ne ſut mieux que lui ſe ſervir à propos des coups d'autorité. Par ce moyen, ſes projets trouvèrent moins d'obſtacles, & il vint à bout d'aſſurer au peuple une eſpèce de liberté, même en augmentant les prérogatives royales. J'ai lu avec ſurpriſe, dans un Auteur eſtimé, des déclamations contre cet homme célèbre; je haſarderai, à ce ſujet, quelques réfléxions.

Pour être le Miniſtre d'un Roi tel que Henri, il ne falloit avoir qu'un eſprit d'ordre & un peu de vertu. Ce Prince ſavoit tout, connoiſſoit tout, faiſoit preſque tout. Villeroi, Sulli, tout grands Hommes d'Etat qu'ils étoient, ne furent le plus ſouvent que les agens de ſes volontés : mais avec Louis XIII, il falloit un homme qui eût plus de talens que de vertus ; qui, cependant, n'eût que l'ambition des âmes honnêtes ; qui joignît à l'activité la plus grande, ce ſang-froid ſi néceſſaire pour bien conduire les choſes à leur fin ; qui fût aſſez pénétrant pour lire dans l'avenir, & ne pas craindre de ſe charger pour le moment de la haîne publique ; qui confondit ſes intérêts, (ce qui pourroit être dangereux dans un autre tems) avec ceux de ſon Maître ; qui, ſans avoir l'autorité ſouveraine, en fit les fonctions ; qui enfin, pour le bonheur de l'Etat, fût assez grand pour maitriser son Prince : tel fut Richelieu. Tout François doit chérir sa mémoire ; il faut le regarder comme un de ces hommes rares, que la nature produit quelquefois pour hâter la marche des événemens.

Je conviens, cependant, qu'il seroit dangereux d'aller plus loin que n'a été Richelieu. Ce Grand-Homme a marqué le but où l'on doit s'arrêter. Il est de l'intérêt du Prince, comme du peuple, qu'il existe entre-eux des corps intermédiaires. Le premier y perdroit plus que le dernier, en abolissant les prérogatives dont ils jouissent : c'est un des moyens, dit Montesquieu, dont l'Angleterre s'est servie pour détruire la Monarchie.

Depuis Richelieu, la grandeur de la France n'a fait qu'augmenter ; cet Etat est devenu le plus considérable de l'Europe ; ſa Puiſſance conſiſte moins dans l'étendue de ſon terrein & la multitude de ſes habitans, que dans la jonction de toutes ſes parties, & la facilité avec laquelle le Souverain peut faire mouvoir toutes ſes forces, d'un bout du Royaume à l'autre. L'acquiſition de la Franche-Comté, de l'Alſace, d'une partie de la Flandre, de la Lorraine & de la Corſe, ſont des biens plus réels que la Jamaïque, la Virginie & le Canada. La France n'a cédé ce dernier à l'Angleterre, que pour l'affoiblir ; elle a lu dans l'avenir, en ſacrifiant à propos ſes intérêts de commerce, à ſes intérêts politiques.

Cette lettre eſt un peu longue, Docteur ; liſez-la, je le veux, pour vous punir d'avoir trop bonne opinion de vos compatriotes. Je calculerai dans un autre moment les avantages que vous a rapporté le commerce. J'examinerai ce que vous deviendrez avec ce même commerce; &, pour achever la tâche que je me ſuis impoſée, je dirai quelque choſe de la conſtitution Britannique: j'oſerai même contredire le ſentiment d'un Hiſtorien célèbre, au ſujet des moyens qui ont ſervi à l'établir.

ÉLISABETH AURELI.

A Genève, ce 9 Février 1765.

LETTRE XLIX.

Miss Aureli, au même.

Le commerce, dit le Président de Montesquieu (a), adoucit les mœurs féroces, & corrompt les mœurs pures.

En admettant ce principe, on pourroit juger de l'antiquité d'une nation policée, par la corruption de ses mœurs; le Chinois seroit un des peuples le plus anciennement policé de l'univers: car depuis que nous le connoissons, il a toujours été tel qu'il est aujourd'hui, c'est-à-dire, le peuple le plus corrompu de la terre.

La férocité des mœurs Japonoises,

(a) Esprit des Loix, T. II, L. XX, ch. I.

augmentée par l'ardeur du climat & la dureté du Gouvernement, n'a pu être encore adoucie par le commerce (*a*). Il n'en faut pas conclurre pour cela, que le principe du Légiſlateur François eſt faux ; on pourroit tout au plus douter de l'antiquité du peuple Japonois : d'ailleurs des raiſons particulieres mettent le Japon dans le cas de faire exception à cette régle ; le commerce y eſt encore plus gêné que les individus : excepté deux peuples, toutes les autres nations ne peuvent commercer avec lui ; & préciſément, des deux peuples auxquels il a donné la préférence, l'un eſt tout-à-fait corrompu, & l'autre penche vers la corruption.

(*a*) Les Japonois ne commercent qu'avec deux nations, le Hollandois & le Chinois. Eſprit des Loix, T. II, L. XX, ch. IX.

Pour que les mœurs du japon s'adouciſſent, il faudroit rendre au commerce toute ſa liberté. Ce même commerce feroit ce que n'a pu faire la ſévérité des loix. Il exiſte encore des peuples qui ſe trouvent dans cette heureuſe poſition, où l'on n'eſt ni barbare ni corrompu. En les fréquentant, & en commerçant avec eux, ils apprendroient à devenir humains & ſociables. Peut-être finiroient-ils par être des frippons (*a*), comme leurs voiſins. S'ils le devenoient, ils pourroient du moins marquer dans leurs annales un tems où ils auroient été heureux & vertueux.

L'Italie moderne eſt, à l'égard de

(*a*) Ceci ne regarde que les Chinois, dont tout le monde connoit la mauvaiſe-foi ; je ſerois bien fâché de penſer que tout Commerçant finit par être frippon ; on verra par les Lettres ſuivantes combien je ſuis éloigné d'avoir cette idée.

l'Europe, ce que la Chine eſt à l'égard de l'Aſie. Si on ne la conſidere que depuis la révolution occaſionnée par l'irruption des barbares qui s'y établirent, après avoir maſſacré preſque tous les habitans; on verra les mœurs de cette contrée s'adoucir, le Gouvernement féodal diſparoître, & la liberté ſortir du ſein de l'oppreſſion la plus monſtrueuſe : tandis que la France, l'Allemagne, l'Angleterre, & divers autres Pays, conſervèrent encore long-tems leurs fers & leur férocité.

La cauſe de cette différence ne peut être attribuée qu'à l'influence du commerce ſur les eſprits. Pendant pluſieurs ſiécles, l'Italie elle ſeule fit le commerce de toute l'Europe, & c'eſt parce qu'elle fut policée la première, qu'elle fut corrompue la première.

Ce ne fut que vers le milieu du

quatorzième ſiècle (*a*) que les Anglois ſentirent la néceſſité de s'appliquer au commerce. Les immenſes profits que les étrangers faiſoient ſur les matières qu'ils venoient acheter dans leur Iſle, excita dans leurs âmes une certaine émulation, réveilla l'induſtrie, & leur donna l'idée de s'approprier ces mêmes profits.

Les gains qu'ils firent d'abord, ne furent pas conſidérables; ils trouvérent dans les Flamands, les Italiens, & quelques Villes d'Allemagne, des concurrens habiles & accrédités; quelque tems après la découverte du Cap de Bonne-Eſpérance, le commerce s'affoiblit en Italie; peu-à-peu il paſſa du midi au nord, pour s'y fixer, comme dans un climat qui lui étoit plus propre, jusqu'à ce qu'une nouvelle

---

(*a*) Robertſon, Vie de Charles-Quint.

découverte, un nouveau passage, ou bien une nouvelle forme de Gouvernement, occasionne une nouvelle révolution.

C'est le commerce qui, en Angleterre, a concouru avec quelques autres moyens à détruire le Gouvernement féodal. En Espagne, en France, le commerce n'est entré pour rien dans sa destruction; l'habileté des Princes a tout fait: aussi les Souverains Espagnols ont-ils profité seuls de la dépouille des Grands, & se sont emparés de tout le pouvoir législatif: il est arrivé la même chose dans quelques autres Etats, à quelque modification près.

Pour savoir comment s'est formée la constitution britannique, je crois qu'il n'est pas nécessaire de remonter jusqu'aux Saxons (*a*), & je pense

---

(*a*) Montesquieu, Esprit des Loix. L. XI, ch. VIII.

qu'on

qu'on s'eſt trompé, quand on a prétendu démontrer que le hazard n'y eſt entré pour rien (*a*). Il ſuffit de ſuivre les progrès que le commerce a faits en Angleterre: on verra que la perfection de l'Etat politique Anglois, n'eſt qu'une ſuite de la perfection de ſes loix de commerce.

Si les mœurs de cette nation ne ſont pas tout-à-fait corrompues, c'eſt encore à la perfection de ces mêmes loix de commerce qu'il faut l'attribuer.

L'Anglois penchera vers la ſervitude, quand ſes loix de commerce ſe corrompront.

Ses loix de commerce ſe corrompront, quand on préférera les intérêts particuliers aux intérêts généraux; c'eſt-à-dire, quand, au-lieu de

---

(*a*) Hume, Hiſtoire d'Angleterre.

gêner le commerçant, on gênera le commerce (*a*).

Elle arrivera encore cette corruption, quand on ſacrifiera mal-à-propos ſes intérets de commerce à ſes intérêts politiques.

Le mal augmentera, quand on fera des loix pour reſtreindre la liberté d'une partie des Citoyens, qui, quoiqu'éloignés & vivans dans un autre climat, ſe regardent toujours comme faiſant partie du corps national, & par conſéquent croient être en droit d'en reclamer les priviléges. C'eſt alors que la partie exécutrice de l'État, qui veille ſans ceſſe pour augmenter ſon auto-

---

(*a*) La liberté du commerce n'eſt pas une faculté accordée aux Négociants de faire ce qu'ils veulent ; ce ſeroit bien plutôt ſa ſervitude : ce qui gêne le commerçant, ne gêne pas pour cela le commerce. Eſprit des Loix, T. II, L. XX, ch. XII.

rité, saisira cette occasion pour semer la division, en faisant semblant de concilier les esprits; peut-être renoncera-t-elle au droit de commander à une partie, pour pouvoir réprimer l'orgueil de l'autre, & l'assujettir, après l'avoir appauvrie.

Mais comme on se détermine difficilement à perdre, elle ne prendra ce parti violent, qu'après en avoir essayé d'autres; d'abord elle tentera de rendre l'Amérique esclave de l'Europe; si elle réussit dans son entreprise, c'en est fait de la liberté Angloise; la constitution se trouvera violée dans son principe; pour tenir dans l'indépendance la partie de la nation assujettie, il faudra augmenter le pouvoir de la partie exécutrice; je dis plus, ce pouvoir ne pourra pas être limité pour un tems; quand on le limiteroit, on seroit forcé de le continuer : ce qui reviendroit au même.

Si quelque puiſſance étrangere ſe méloit de la querelle, la conſtitution, dit le célèbre Auteur de l'Eſprit des Loix (*a*), ne ſouffriroit aucun changement. Un peuple libre, continue-t-il encore, ne peut avoir qu'un libérateur. Cela eſt vrai, quand il ne s'agit que d'une diſpute entre la puiſſance légiſlative & la puiſſance exécutrice. Charles premier & Jacques II confirment le ſentiment de ce grand-homme ; mais il n'eſt point ici queſtion d'une querelle entre les deux pouvoirs ; c'eſt la partie légiſlative qui combat contre elle-même ; c'eſt une portion de cette partie qui, d'accord avec toute la puiſſance exécutrice, cherche à opprimer l'autre

(*a*) L. XIX, ch. XXVII.

portion : dans ce cas, s'il intervenoit quelque puissance étrangere, & que cette puissance eût le dessus, il arriveroit que la partie qu'on vouloit assujettir, conserveroit sa liberté, tandis que celle de l'autre seroit ébranlée jusques dans ses fondemens.

ÉLISABETH AURELI.

A Genève, ce 14 Février 1765.

LETTRE L.

MISS AURELI, AU MÊME.

UN Historien célèbre prétend que la constitution Britannique ne doit rien au hazard ; que la plus haute sagesse en a formé & dirigé le plan, & que sa perfection n'est que le résultat d'une multitude de combinaisons : pour moi, j'ôse être d'un sentiment contraire. Voilà sur quoi je me fonde.

Henri VII, en formant le projet d'abaisser les Grands, n'eut d'autre but que d'augmenter son autorité. La conduite que les Rois de France avoient tenu dans une pareille occurrence, avoit trop de rapport avec ses vues, pour qu'elle ne lui servit pas de modèle.

Henri VIII pourſuivit le même deſſein ; mais il n'eut pas de plan fixe. Monſieur Robertſon (*a*), qui a fait cette remarque, le ſoupçonne même d'avoir agi ſans intention. La preuve la plus certaine qu'on en puiſſe donner, c'eſt que le peuple partagea la dépouille des Grands. Quand on réfléchit ſur le caractère de Henri ; quand on ſe rappelle qu'il fut, comme je l'ai déjà dit, le Souverain le plus impérieux de ſon tems, doit-on préſumer qu'il ait prévu ce qui eſt arrivé ? Comment ſe perſuader qu'un tel Prince ait été aſſez généreux pour prêter ſon miniſtère à élever une puiſſance qui, dans la ſuite, devoit commander à ſes ſucceſſeurs, & leur preſcrire des devoirs ? C'eſt donc parce qu'on ne prévit rien, & que le caprice, ainſi

(*a*) Vie de Charles-Quint, T. VI.

qu'une multitude de petites passions, dirigèrent les opérations, que le peuple s'est emparé par degrés d'une partie du pouvoir législatif. Il y a plus; c'est que des deux côtés la conduite fut tout-à-fait semblable; le peuple se comporta comme le Souverain, & ne prévit pas même l'effet de ses prétentions, comme l'a encore remarqué le célèbre Historien que je viens de citer (*a*).

Si Marie n'eût pas été aveuglée par la haîne qu'elle portoit aux Protestans, la requête un peu vive qui lui fut présentée au sujet de son mariage avec Philippe, eût suffi pour lui faire voir que la Chambre des Communes commençoit à s'arroger quelque autorité; mais ce qui contribua peut-être à la tromper, ainsi qu'Elisabeth, dont la plus grande

(*a*) *Ibidem*.

ſcience fut de bien connoître ſes intérêts, c'eſt que dans toutes les démarches de cette même Chambre des Communes, on n'y découvrit ſeulement pas la politique du moment.

L'exécution de Charles Premier ne peut être regardée comme l'ouvrage d'une nation libre, qui porte l'étendue de ſes droits, juſqu'à penſer que l'autorité ſouveraine doit réſider en elle, & que, par conſéquent, ſes Rois lui ſont comptables de leurs actions; le peuple n'eut d'autre part, dans cette révolution, que d'avoir été l'inſtrument dont un fourbe adroit ſe ſervit pour parvenir à ſes fins; ſa conduite fut ſi peu réfléchie, que ſous Charles il n'étoit que Sujet; ſous Cromwel il fut réellement eſclave; celui-ci le gouverna avec toute la dureté d'un Deſpote.

Cromwel ménagea si peu les intérêts de la nation, que Charles II, pour devenir absolu, n'avoit qu'à l'imiter ; mais ce Prince, quoique né avec de grands talens, avoit autant de défauts que Henri VIII. La nature lui avoit donné précisément cette portion de génie, dont on a besoin pour former un projet ; mais elle lui avoit refusé ce point de vue fixe, si nécessaire pour le bien conduire à sa fin. Il n'avoit point assez de connoissance dans la science du Gouvernement, pour suppléer sur le champ aux choses qui n'avoient pas été prévues. Sa prodigalité excessive lui fit faire des fautes irréparables ; & Dunkerque, vendu à la France, indisposa tous les esprits, & réunit contre lui tous les partis : c'est alors que l'amour qu'on lui portoit, se changea tout-à-coup en méfiance. La Chambres des Communes commença à ſoupçonner que Charles, qui ménageoit ſi peu les intérêts de la nation au-dehors, pourroit bien avoir des vues ſur ceux du dedans. Elle ſe mit donc à épier toutes ſes démarches, & bientôt elle découvrit le piége qu'on tendoit à ſa liberté. Comme elle craignoit d'offenſer un Prince dont elle venoit de ſe repentir d'avoir cauſé les malheurs, elle ſe contenta de chercher à ſévir contre ceux qui avoient eu part au Traité. Quelque ſage que fût ſa conduite dans ce moment, elle ne ſe décida cependant encore que par les circonſtances; elle n'en calcula pas plus ſes opérations : ce ne fut réellement qu'après l'expulſion du Roi Jacques, qu'elle adopta un plan fixe & ſuivi. Voici les raiſons qui l'y déterminèrent.

Après la mort de Charles Premier, la Chambre des Pairs fut abolie, &

on fit tous ses efforts pour établir la démocratie ; les factions qui déchiroient l'État, empêchèrent l'exécution de ce projet ; le peuple flottant au milieu d'une multitude d'intérêts, qui se croisoient les uns les autres, ne savoit comment se décider. Il avoit bien assez de vertu pour vouloir ; mais il n'en avoit point assez pour exécuter. Son irrésolution fut cause, que pendant quelque tems le Gouvernement ne put jamais prendre une forme constante : enfin, fatigué de courir après un bien qui lui échappoit sans cesse, il se vit forcé de rentrer sous le joug dont il venoit de se débarrasser. Cromwel s'apperçut pour lors que la nation pouvoit être assujettie. En habile homme, il fit tourner à son profit les efforts impuissans qu'elle venoit de faire, pour s'emparer de toute l'autorité. S'il eût vécu plus long-tems, ou si son fils eût hérité de sa hardiesse & de son génie, l'Anglois, au-lieu d'être le peuple le plus libre de l'univers, seroit le peuple le plus esclave de l'Europe; comme il le deviendra (*a*), si jamais une des parties qui constituent son Gouvernement, l'emporte sur l'autre.

Ce qu'avoit fait Comwel fit craindre à la nation, que Guillaume ne fût aussi entreprenant que lui. Ses craintes augmentèrent, quand elle vint à considérer, que ce Prince pouvoit se servir de ses propres forces pour l'assujettir. Il fallut donc songer à se garantir des maux qu'on avoit sagement prévus. Comme on avoit affaire à un Prince actif & ambitieux, on fut obligé d'être sans cesse sur ses

---

(*a*) L'Anglois fait bien d'être jaloux de sa liberté; car si jamais il la perdoit, il deviendroit le peuple le plus esclave de l'Europe, Esprit des Loix, L. XIX, ch. XXVII.

gardes ; le peuple oublia dans ce moment ſon caractère d'impatience, pour ſuivre une marche conſtante & réfléchie ; les différentes parties du pouvoir légiſlatif ſe lièrent plus intimement ; & de cet accord heureux, s'en eſt ſuivie la perfection de nos loix.

ÉLISABETH AURELI.

A Genève, ce 20 Février 1765.

LETTRE LI.

Miss Aureli à Miss Tilnei.

Enfin, après tant de traverses, te voilà heureuse. Tompson est à toi pour toujours; tu peux l'aimer sans contrainte; il s'est rendu digne de ton amour, par tout ce qu'il a fait pour te posséder.

Ce que j'apprends du changement de sa conduite, m'étonne; Waller dit qu'il n'y avoit que toi, qui fusses capable d'opérer un pareil miracle.

S'il est tel que tu nous le dépeins, je te félicite d'avoir un époux digne de ton attachement; mais ce qui doit le plus te flatter, c'est, lorsque tu réponds à ses caresses, de pouvoir dire en toi-même, sans qu'il le sache : voilà mon ouvrage.

Il convient te devoir tout jusqu'à sa vertu ; en effet, qu'étoit-il avant de te connoître ? C'est toi qui lui as montré en quoi consiste le bonheur ; il ne fait pas une seule bonne action, qu'elle ne t'appartienne ; tous les malheureux qu'il soulage, te doivent leur existence ; & si jamais il rend quelque service à son Pays, c'est toi qu'il faudra récompenser.

Je n'ai pas besoin de t'enseigner ce qu'il faut faire, pour conserver l'empire que tu as sur lui. On est forcé de t'aimer, tant qu'on aime la vertu. Je t'ai déjà dit, que le plus grand bonheur qui pût arriver à une femme, c'est de trouver un ami dans son époux. Garde-toi de croire que l'amitié est une passion froide qui fait tort à l'Amour ; elle l'échauffe, au contraire, l'entretient & le nourrit. Sans elle, ce dernier n'eſt rien ; il n'eſt autre choſe que le deſir de la jouiſſance : deſir qui nous eſt commun avec tous les êtres qui reſpirent, & dont la force ou la foibleſſe dépend de la conſtitution des individus.

Lorſque preſſée par quelque danger, ma timidité va chercher un aſyle auprès de Waller, penſes-tu que ce ſoit l'Amour qui m'y conduiſe ? Non ; c'eſt parce que je ſuis ſûr de trouver en lui un ami généreux, qui me protégera.

Quand, à ſon tour, dévoré par quelque chagrin, il vient épancher ſa douleur dans mon ſein, crois-tu encore que ce ſoit l'Amour, qui l'amène à mes côtés ? Non ; c'eſt parce qu'il connoit la ſenſibilité de mon âme, & qu'il n'ignore pas que je partage tous ſes ſentimens. L'Amour ſeul n'inſpire point tout cela; on ſe trompe, en lui attribuant ce qui ne convient qu'à l'amitié.

Adieu, ma bonne amie; ſi toutes les femmes te reſſembloient, les hommes ſeroient forcés de nous céder la première place; c'eſt alors que nous pourrions nous venger du mépris qu'ils ont fait de nous pendant quelque tems. Croirois-tu qu'ils ont pouſſé l'orgueil juſqu'au point de nous refuſer une âme. Ils ſe ſont même aſſemblés pour mieux traiter cette queſtion. Je voudrois qu'ils euſſent décidé que nous n'en avions point. Que nous auroit fait une pareille déciſion? Aurions-nous ceſſé de gouverner le monde? Nos charmes euſſent-ils perdu de leur prix? Ne ſerions-nous pas toujours les mêmes? Les hommes ſeuls ſe ſeroient trouvés humiliés. Comme l'amour du plaisir l'emporte toujours sur l'amour-propre, on les verroit se prosterner aux pieds d'un petit animal tel que nous, le flatter, le caresser, en essuyer des refus; lui prendre, en tremblant, la main; craindre de l'offenser par trop de hardiesse, & attendre son bonheur d'un mot ou d'un sourire : conviens que cela seroit fort amusant pour des êtres sans raison. Que j'aurois de plaisir à les désespérer! Je ne me rendrois, qu'après avoir employé tout mon instinct à les faire extravaguer.

ÉLISABETH AURELI.

A Genève, ce 28 Février 1765.

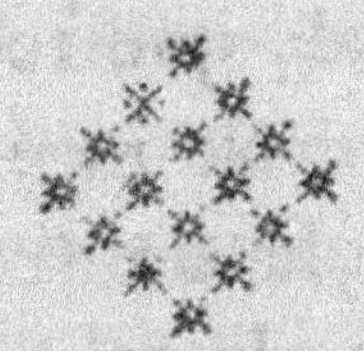

LETTRE LII.

LE DOCTEUR TOWON,

A MISS AURELI.

MYLADI m'a fait part de votre lettre ; souffrez que je vous réponde pour elle : j'ai intérêt de défendre les hommes que vous maltraitez tant.

J'ai peine à croire qu'ils aient déraisonné jusqu'au point de vous refuser la faculté de penser. Ce fait, rapporté par plusieurs Historiens, se trouve contredit par les mœurs du tems. Sous les Rois de la première race, votre sexe étoit tellement respecté, que tout ce qui le concernoit, étoit jugé par un Tribunal composé de femmes. Sous Charlemagne, la galanterie prit la place du respect ; vous ne perdîtes point au change. Pendant les règnes orageux de Louis le Débonnaire, & de ses enfans, il a pu se trouver quelques misanthropes, assez ennemis du genre humain, pour le contrarier dans ses plaisirs ; mais je ne pense pas que plusieurs peuples à la fois aient pu concevoir une idée aussi extravagante.

Vous imputez cela à notre orgueil : si quelquefois il nous est arrivé d'en avoir, nous l'avons sur le champ déposé à vos pieds ; ou si nous le conservions, nous le faisions consister à l'emporter sur nos rivaux, & à recevoir de vos mains la récompense due à nos travaux. Voilà comme les hommes se sont toujours comportés à votre égard. Bien-loin de vous avilir, ils ont donné, s'il est permis de parler ainsi, dans l'excès opposé ; leur amour pour vous a été jusqu'à l'adoration ; ils pensoient qu'il y avoit dans une femme quelque chose de divin.

Ce fut pour vous servir & vous plaire, que se forma cet ordre illustre, dont les vertus ont tant influé sur les mœurs de l'Europe; ils avoient de votre sexe une si grande idée, qu'ils crurent ne pas offenser le Ciel, en vous adressant des vœux, comme à lui.

Jetez les yeux sur notre Histoire, vous verrez que les plus grands hommes ont toujours porté la livrée de leurs Maitresses, & n'ont pas rougi de s'avouer pour leurs esclaves. Le galant Edouard, le généreux François Premier, le vertueux Henri, se disoient vos humbles Serviteurs.

Telle a été dans tous les tems notre façon de penser sur votre compte ; aujourd'hui même, qu'on nous accuse à tort de frivolité, vous étes l'âme de toutes nos actions ; c'eſt pour vous mériter, que nous recherchons les richeſſes, que nous ambitionnons les grandeurs, que nous nous expoſons à toutes ſortes de dangers, que nous traverſons les mers, & que nous vôlons à la gloire.

Le génie vous a toujours conſacré une partie de ſes veilles, & vous la conſacre encore.

C'étoit auprès de vous que l'infortuné Milton, mépriſé de ſes contemporains, oublié de tous les hommes, accablé d'infirmités, privé de la lumière, venoit chercher quelque ſoulagement à ſes maux; c'étoit vous qui conduiſiez ſa main, quand il s'occupoit à tracer le portrait admirable d'Eve ; vous l'inſpiriez, quand il faiſoit tenir à cette mère commune des hommes, ces paroles ſi conſolantes, & ſi propres à ranimer le courage de ſon trop foible époux.

J'ai beau porter mes regards de tous les côtés, je ne vois que des mortels qui vous ſont entièrement dévoués.

Quel étoit le but du ſublime Young, quand il chantoit ſur la lyre ténébreuſe vos charmes & vos vertus ? Son attachement pour vous étoit tel, que la mort même ne pouvoit vous arracher à ſon ſouvenir ; il vous ſuivoit juſques dans ſes bras. Lui parloit-on de vous : on voyoit une douce joie briller ſur ſon front mélancolique ; & ſi la gaieté eût pu ſe plaire au milieu des tombeaux, vous l'euſſiez fait renaître dans ſes yeux.

JACQUES TOWON.

A Londres, ce 5 Mars 1765.

LETTRE

LETTRE LIII.

MISS AURELI, A TOMPSON.

QUAND un fait est attesté par les Historiens contemporains, & qu'il existe des monumens qui en prouvent l'authenticité, croyez-vous que, pour le détruire, il suffit de changer l'état de la question? Vous passez sur la difficulté, sans la résoudre; les raisons que vous alléguez pour vous justifier, ne sont que spécieuses. Je veux bien que sous Charlemagne, & pendant tout le tems que nos Chevaliers errans ont couru le monde, nous ayons joui de quelque considération; mais, sous Louis le Débonnaire, comment vous êtes-vous comportés avec nous? Combien n'avons-nous pas été humili ées ! C'étoit à cela qu'il falloit répondre.

Vous croyez triompher, en nous citant ce qu'un Hiſtorien nous raconte d'un certain peuple, qui, dans le commencement de ſa barbare exiſtence, s'eſt aviſé de croire qu'il y avoit en nous quelque choſe de divin. Quoi ! parce qu'il a eu une pareille façon de penſer, vous concluez que tous les hommes l'ont eue : quelque peu exacte que ſoit cette manière de raiſonner, je veux bien vous la paſſer. Quel avantage en réſultera-t-il pour la cauſe que vous défendez ? Croyez-vous par-là me donner des preuves de l'attachement que vous nous portez ? Détrompez-vous. Je n'y vois, au contraire, qu'une marque certaine de la biſarrerie de votre caractère, & de la tyrannie, que vous avez toujours exercée envers nous.

Sachez que ce peuple, qui vous rend ſi fiers, nous traitoit, autrefois, à-peu-près comme les Tartares, deſquels il deſcend, traitent aujourd'hui leurs Idoles. Tant que la fortune leur eſt favorable, ils ſe plaiſent à les encenſer & à les orner. Leur devient-elle contraire, ils les dépouillent de leurs parures, & les relèguent dans quelque coin où elles demeurent totalement oubliées.

Pour bien juger des mœurs de ce peuple, il ne faut pas tout-à-fait s'en rapporter au portrait que Tacite nous en a laiſſé. Inſtruiſez-vous de ſes Loix, & vous verrez que chez-lui les femmes reſtoient toujours en tutelle. Si vous appelez cela être traité en divinité, je n'ai plus rien à dire. Ce ſeroit diſputer ſur un mot; car, puiſqu'on nous tenoit dans une continuelle dépendance, nous n'étions donc que des

Dieux du ſecond ordre ; nos maîtres néceſſairement étoient du premier : par conſéquent leurs hommages étoient autant d'outrages, & ne décident rien en votre faveur.

Examinez un moment les États ſitués au midi de l'Europe ; faites attention au triſte rôle que les femmes y jouent : trouvez-vous qu'il ſoit digne d'envie ?

Si je quitte notre continent pour me tranſporter dans d'autres Pays, je vois que notre ſexe eſt par-tout avili ; juſques dans les climats, que la Nature a faits exprès pour nous donner l'empire, l'homme a trouvé le moyen de nous aſſervir.

Je vous défie de citer un endroit où nous ſoyons vos égaux ; par-tout vous avez abuſé de votre force, & vous n'avez conſulté qu'elle, quand vous avez établi vos loix.

Vous ne vous êtes pas contentés

de nous faire esclaves ; vous nous avez encore empêché de faire usage de notre raison : appelez-vous cela nous aimer ?

Est-ce pour nous honorer, qu'en Asie vous nous confiez à des Eunuques, qui exercent sur nous un pouvoir sans bornes, & qui poussent l'insolence jusqu'à nous corriger, comme on corrige ici les écoliers ?

Est-ce pour nous donner des preuves de votre respect & de votre soumission, qu'en Perse, en Turquie, & chez diverses autres nations, vous nous exposez en vente dans les places publiques, & que vous permettez à des mains sales & impures de parcourir nos beautés ?

Est-ce par amour pour notre sexe, que, dans certaines contrées de l'Afrique, il ne se trouve pas une seule femme dans le serrail des Grands ?

Est-ce encore par amour pour

nous, qu'en Chine vous nous estropiez, & que vous prenez plaisir à nous rendre difformes ?

Est-ce pour nous donner des marques de votre estime, que, chez quelques peuples de l'Europe, vous n'avez pas craint de renverser le droit naturel, en nous ôtant la tutelle de nos enfans (*a*) ?

Est-ce enfin pour témoigner combien vous faites cas de notre existence, que, chez les Caraïbes, vous nous donnez le mortel emploi, de tirer le suc du mancanilier.

Je ne finirois pas, si je vous rappelois tous les maux que vous nous faites souffrir. Je m'arrête ; car je craindrois d'être forcée de vous haïr.

(*a*) Ceci se pratique en Normandie, où l'aîné des enfans, s'il est majeur, est préféré à la mere. *Chez les peuples dont les mœurs sont corrompues, il vaut mieux donner la tutelle à la mère*, dit *Montesquieu*, L. XIX, ch. XXIII, Esprit des Loix.

J'ai beau jeter les yeux de tous côtés, au-lieu de trouver, comme vous le dites, des mortels, qui nous ſont totalement dévoués, je n'apperçois que des tyrans, qui nous inſultent ſans ceſſe, qui s'amuſent de nos peines, & qui ſe jouent de nos vertus, comme de nos foibleſſes.

Adieu, Mylord; je vous conſeille de ne point montrer ma lettre à Tilnei.

ÉLISABETH AURELI.

A Genève, ce 11 *Mars* 1765.

LETTRE LIV.

TOMPSON, A MISS AURELI.

C'ÉTOIT ſans doute pour plaiſanter, que vous m'avez fait une pareille réponſe. Je croyois à chaque ligne apprendre que vous n'aimiez plus Waller.

Je n'ai jamais prétendu juſtifier toutes nos folies ; ſi j'ai pris la défenſe des hommes, c'étoit ſeulement pour vous faire voir que leurs actions ne tendent qu'à vous plaire.

La clôture des femmes, dans certains Pays, paroît un mal, & ne l'eſt point. Il y a lieu de croire que ce genre de vie leur convient ; d'ailleurs des raiſons que nous ignorons ont pu contribuer à le leur faire embraſſer : elles n'en ſont pas pour cela moins heureuſes.

Si vous voulez apprécier au juſte leur bonheur, comparez-les avec celles qui ſont libres, & vous verrez que, dans ces brulants climats, l'eſclavage vaut mieux pour vous que la liberté.

Je viens de recevoir des lettres de la Jamaïque; peut-être ſerai-je obligé de m'y rendre; je ne ſais comment annoncer cette nouvelle à votre amie.

TOMPSON.

A Londres, ce 21 *Mars* 1765.

LETTRE LV.

TOMPSON, A LA MÊME.

AVANT de m'embarquer, je vous écris ces lignes à la hâte; mon départ laisse ma femme inconsolable; elle n'ignore cependant pas que la plus grande partie de ma fortune dépend du voyage que je vais faire. C'est parce que je l'aime, que je n'ai pas cédé à ses larmes; c'est pour assurer son bonheur que je m'éloigne d'elle: je n'ai jamais pu lui persuader cela.

Si je n'étois attaché à personne sur la terre; si je n'aimois que moi, je ne ferois point un seul pas, pour acquérir des richesses: mais quand le bonheur de ses semblables occupe autant que le sien propre, on ne sauroit en avoir trop.

Votre amie ne manquera pas de vous faire part de tout ceci; servez-vous, je vous prie, de l'ascendant que vous avez sur son esprit, pour l'engager à supporter patiemment mon absence.

TOMPSON.

A Londres, ce 28 Mars 1765.

LETTRE LVI.

MISS AURELI,

AU DOCTEUR TOWON.

WALLER a reçu hier la visite de deux de ses compatriotes; ils n'ont pas craint de s'écarter un peu de leur route pour voir cette petite Ville, autant célebre par les grands-hommes qui se sont réfugiés chez-elle, que par ceux qu'elle a produits.

L'air de liberté qu'on y respire, son commerce, l'industrie de ses habitans, la pureté de leurs mœurs, ce ton d'égalité qui règne entre-eux, la sagesse de leur gouvernement, tout cela est fort du goût de nos Anglois, qui, fatigués d'avoir été forcés pendant long-tems de suivre une étiquette gênante, se trouvent ici à leur aiſe, en vivant avec des hommes libres comme eux.

L'un me paroit beaucoup inſtruit, l'autre ne l'eſt pas tant, & eſt encore attaché à certains préjugés.

J'ai connu autrefois un perſonnage aſſez ſingulier; tout ce qu'il trouvoit de bon chez les étrangers, appartenoit, ſelon lui, à ſa nation.

Mon Anglois n'a pas tout-à-fait la même manie; mais il ſoutient qu'il n'y a rien de bien, que ce qu'on fait dans ſon Pays. Il m'a boudé pendant vingt-quatre heures, parce que je lui ai dit que c'étoit à un François que Genève devoit en partie la perfection de ſes loix.

Je veux qu'il ceſſe tout-à-fait de me voir, ou qu'il ſe corrige; car je prétends, quand il reviendra, lui démontrer que ces mêmes François qu'il mépriſe, ſurpaſſent les Anglois en bien des choſes; qu'un ſeul (*a*) d'entre-eux a mieux connu la conſtitution Britannique, que tous leurs génies raſſemblés. *Ils bâtiſſoient Chalcedoine, ayant le rivage de Bizance devant les yeux* (*b*).

ÉLISABETH AURELI.

A Genève, ce 4 Avril 1765.

(*a*) Monteſquieu.

(*b*) Eſprit des Loix, L. XI, ch. VI.

LETTRE LVII.

Miss Tilnei, a Miss Aureli.

Depuis long-tems je n'ai reçu qu'indirectement de tes nouvelles. Waller t'occupe-t-il tellement, que tu ne puisses lui dérober un moment pour le donner à ta Charlotte? J'ai plus besoin que jamais de tes conseils & de ton amitié. Tompson est absent; il vient de partir pour la Jamaïque, où l'un de ses parens, fort riche, dont il est l'héritier, l'a prié de se rendre. Que n'ai-je point fait pour empêcher son départ? Je n'ai pu rien obtenir. Qui sait si nous nous reverrons? Peut-être nous sommes-nous dit un éternel adieu. Comment a-t-il pu se résoudre à s'éloigner de moi? Hélas!

l'instant qui précède celui où je t'écris, je lui parlois encore. Qu'as-tu besoin, cher époux, lui disois-je, d'exposer tes jours pour courir après des biens qui sont encore incertains? Considère l'état où tu me laisses; si ma tristesse alloit se communiquer aux gages de notre amour, quels seroient alors tes regrets? Quand je ne t'aurai plus, qui me protégera contre la haine de mes ennemis? Où trouverai-je un appui contre leur persécution? J'ai renoncé à tout; je t'ai sacrifié tout; dans le monde entier, je ne possède que toi; je n'aime que toi; je ne veux que toi, & tu m'abandonnes! Ah! ma chere & bonne amie, croirois-tu que le cruel a vu couler mes larmes, & s'est contenté de les essuyer, sans en tarir la source. A mes caresses, il n'a répondu que par d'autres caresses; & sa bouche, en s'efforçant d'arrêter mes ſoupirs, au-lieu de prononcer des paroles conſolantes, ne s'eſt fait entendre que pour confirmer mon malheur, & accroître mon déſeſpoir. Pardonne-moi, ſi je ne t'en écris pas davantage. Je ſens dans ce moment que mes forces m'abandonnent; la douleur m'accable; j'y ſuccombe malgré moi, & mon âme, anéantie, ſe rappelle en vain que tu lui reſtes encore.

CHARLOTTE TILNEI.

A Londres, *ce* 10 *Avril* 1765.

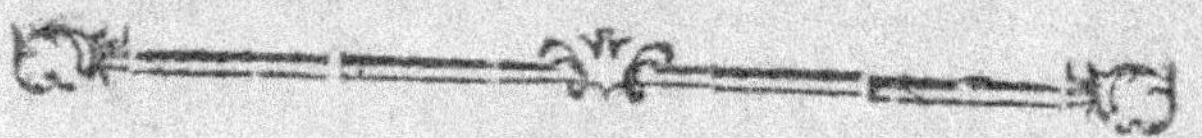

LETTRE LVIII.

Miss Tilnei, a la même.

Ce que j'avois prévu est arrivé ; tous mes ennemis, jusqu'aux rivaux de Tompson, se sont réunis pour me perdre. Ils ont d'abord tenté la voie de l'autorité ; mais ce moyen n'a pu leur réussir, dans un Pays où le premier droit du citoyen est de pouvoir disposer de soi. Pour parer leurs coups, je n'ai eu besoin que de me mettre sous la protection de la loi.

Il m'étoit facile de me venger d'eux, si je l'avois voulu; comme faux délateurs, ils auroient été punis avec la plus grande séverité: mais pouvant les accabler, je n'ai vu que leur déshonneur ; je ne me suis plus souvenu du mal qu'ils m'avoient fait ; jai arrêté les pourſuites commencées contre eux. J'ai fait plus, j'ai ſollicité leur grâce, & j'ai refuſé de prendre les intérêts qu'on vouloit m'adjuger.

Tant de générosité de ma part, bien loin de calmer leur haîne, n'a fait que l'irriter. Au-lieu de m'attaquer ouvertement, comme ils avoient fait d'abord, ils ont eu recours à la ruſe. Leurs coups, portés dans le ſilence, n'en ont été que plus ſûrs. Ils ont imité le ſerpent, dont la marche ſourde & tortueuſe, ſert à maſquer ſes deſſeins, & rend plus certaine la proie qu'il veut dévorer.

Depuis quelque tems, je ſuis venue habiter le port de mer où Tompſon s'eſt embarqué. Ce lieu me plaît, parce qu'il me ſeroit difficile de trouver un endroit qui, ſans quitter l'Angleterre, me rapprochât davantage de mon époux.

Pour faire diversion à ma douleur, j'ai cherché à former quelque liaison. Je ne puis que me louer des égards qu'on a eus dans le commencement pour ma personne. Les hommes, en respectant ma tristesse, n'avoient pour moi que des procédés honnêtes, & les femmes me donnoient des marques de leur amitié, par ces prévenances & ces petits riens, dont notre sexe est si jaloux, & que lui seul peut faire valoir.

Quelque peu agréable que fût cette situation, elle étoit cependant préférable à celle où je me trouve aujourd'hui. Dans les sociétés que je fréquentois, on me parloit quelquefois de Tompson ; cela m'aidoit à supporter plus patiemment mon absence : je suis privée maintenant de cette consolation.

Tu auras peine à croire ce qui a occasionné un pareil changement.

On a répandu dans le public, que Tompſon n'étoit pas mon époux, & que, pour ſe ſouſtraire aux reproches de ſes parens, il avoit pris le parti de m'abandonner, & de s'expatrier.

Ces propos, qui me furent rendus par des perſonnes officieuſes, me parurent ſi ridicules & ſi peu vraiſemblables, que je crus devoir n'y point ajouter foi; je ne cherchai même pas à ſavoir s'ils avoient été tenus; quoique je n'ignoraſſe point que pluſieurs de mes ennemis étoient ſur les lieux, il ne me vint pas dans l'idée de les ſoupçonner. Une âme honnête eſt ſi loin du crime, qu'elle n'ôſe penſer qu'il entre pour quelque choſe dans le mal qui lui arrive. Si donc je connois les auteurs de cette calomnie, ce n'eſt qu'à une ſcélérateſſe, d'un genre tout nouveau, que j'en ſuis redevable.

J'ai écrit au Docteur Towon, pour le prier de m'aider de ses conseils. J'avois envie de me retirer auprès de lui ; mais je préfère d'aller vivre à la campagne ; ce lieu convient mieux à ma douleur & à ma position. Combien j'y verserai de pleurs, en attendant ton retour & celui de Tompson ! Si je te suis encore chere, reviens au plutôt me consoler.

CHARLOTTE TILNEI.

A Londres, *ce* 16 *Avril* 1765.

LETTRE LIX.

MISS AURELI A MISS TILNEI.

SI j'avois à consoler une femme ordinaire, j: partagerois sa douleur, & mes larmes se confondroient avec les siennes ; mais avec toi, ma chere Tilnei, il faut se comporter autrement. En m'attristant, je ne ferois qu'augmenter ta sensibilité ; ce n'est pas ton cœur qu'il faut émouvoir, c'est ta raison qu'il faut éclairer.

Tu me mandes que la haîne de tes ennemis te poursuit par-tout ; qu'ils ont fait courir dans le public, que Tompson n'étoit pas ton époux : prétends-tu te punir, comme si tu étois coupable ? Quoi ! parce qu'il existe des monstres, faut-il t'en affliger ? Que t'importe leur difformité ?

Ton cœur eſt-il moins pur, parce qu'on te calomnie? Crois-moi, ceſſe de troubler ton repos, en fixant de trop près ces figures hideuſes : apprends à mieux connoître le monde.

Choiſis un endroit où les mœurs ne ſont point tout-à-fait dépravées ; prends au hazard un certain nombre de perſonnes, à peine s'y trouvera-t-il deux êtres juſtes, capables d'apprécier le mérite. Le plus grand nombre ſera composé de ſots, que tu plaindras, parce qu'on les trompe, & qu'ils n'agiſſent que par impulſion ; le reſte ne méritera que ta haîne : mais non, laiſſe cette vilaine paſſion à tes perſécuteurs : c'eſt le ſoutien du crime ; elle feroit ton tourment.

Sois donc moins ſenſible aux clameurs de gens qui ne ſont pas dignes de connoitre ce que tu vaux; écoute ce qu'ils diſent de toi, avec la même indifférence

indifférence que tu entends le bruit des vagues, qui, de loin, menacent de tout engloutir; mais qui, forcées par la loi de leur principe, finiſſent, en s'approchant, par ſe briſer contre les bornes qui leur ſont preſcrites. De ſemblables loix ſont impoſées au vice; c'eſt en vain qu'il s'efforce d'anéantir la vertu: quelle que ſoit la rage des calomniateurs, quel que ſoit le poiſon dans lequel leurs traits ſont trempés, cette même vertu reſte toujours vertu.

Prends garde de faire triompher tes ennemis, en t'enſeveliſſant dans la retraite. Cette conduite, louable dans un autre tems, ne convient point à la poſition actuelle. Reſte dans l'endroit où tu te trouves; montre-toi en public avec tous les ornemens de la beauté; prends ce ton d'aſſurance, qui convient à une femme vertueuſe; pour augmenter ta confiance, figure-toi voir Tompſon débarquant ſur le rivage, & diſſipant par ſa préſence tous les propos injurieux qu'on a tenus ſur ton compte ; que tes yeux, où ta belle âme ſe plaît à ſe montrer toute entière, ſe promenent ſur tous les objets qui t'environnent ; répands les bienfaits indiſtinctement autour de toi. Pour leur donner plus de prix, accompagne-les de ces grâces qui te ſervent à embellir juſqu'à tes moindres actions, & ſois ſûre, après cela, qu'il ne te reſtera d'ennemis que quelques ſcélérats obſcurs qui, en te perſécutant, n'ôſeront ſe nommer.

ÉLISABETH AURELI.

A Genève, ce 2 Mai 1765.

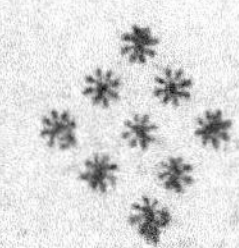

LETTRE LX.

MISS AURELI,

AU DOCTEUR TOWON.

DEPUIS le départ de Mylord Tompſon pour la Jamaïque, les ennemis de ma chere Charlotte (car je la nomme toujours ainſi) ſe ſont réunis de nouveau pour la perſécuter.

Elle m'a fait part de la triſte poſition où elle ſe trouvoit; ſa lettre annonçoit le trouble de ſon âme, & paroiſſoit avoir été dictée par la douleur.

Pour la conſoler, & la rendre à elle-même, je ne me ſuis pas occupée à répandre des larmes, & à gémir avec elle ſur ſon triſte ſort; j'ai cru que l'amitié exigeoit de moi un ſervice plus eſſentiel : je lui ai donné des conſeils propres à ranimer ſa vertu.

Je ſais qu'elle vous a écrit à ce ſujet ; elle m'a même mandé que ſon deſſein étoit de ſe retirer auprès de vous, eſpérant y trouver quelque conſolation ; je lui ai conſeillé de reſter où elle eſt ; ſa retraite feroit triompher ſes ennemis : il faut toujours faire acheter aux méchans le plaiſir qu'ils ſe promettent en tourmentant les autres.

Suivez-les dans toutes leurs démarches, vous verrez qu'ils ſe font plus de peines pour opérer le mal, que ceux qu'ils perſécutent n'en ont à le ſouffrir.

Si ma ſanté, qui ſe trouve dérangée depuis quelques jours, m'eût permis d'entreprendre un long voyage, il y a long-tems que je ſerois auprès d'elle, & que j'aurois fait taire l'impoſture.

Je viens d'écrire à mes amis; Waller à écrit à tous les ſiens : ce ſont tous honnêtes gens qui prendront ouvertement ſa défenſe. Voilà les protecteurs qu'il faut choiſir à la vertu.

Vous, Docteur, qui la connoiſſez, qui ſavez tout ce qu'elle a ſouffert juſqu'à préſent, obligez-moi de vous rendre dans l'endroit où elle eſt; ne la quittez point, je vous en conjure; veillez ſur elle; ſoyez ſon pere, ſon ami; parlez-lui quelquefois de moi; parlez-lui de Tompſon; je ne tarderai pas à vous rejoindre.

ÉLISABETH AURELI.

A Genève, ce 8 Mai 1765.

LETTRE LXI.

LE DOCTEUR TOWON,

A MISS AURELI.

JE viens d'arriver auprès de votre amie; je n'étois éloigné d'elle que d'une journée de chemin.

Je l'ai trouvé tranquile; vous aviez déjà porté la consolation dans son âme; j'en ai d'abord été surpris : mais j'ai cessé de l'être, après avoir lu la lettre que vous lui avez écrite.

C'est sans doute l'amitié qui vous a dicté cette lettre; si tous les malheureux, qui n'ont pas mérité de l'être, avoient des amis tels que vous, je cesserois de les plaindre.

Il seroit à souhaiter que tous les méchans fussent instruits de ce qu'elle contient, ils apprendroient à se conno tre ; en se voyant tels qu'ils sont, ils se feroient horreur à eux-mêmes ; ils sauroient qu'ils occupent parmi les hommes le même rang que les herbes malfaisantes occupent parmi les végétaux. Elles attirent à elles tout le suc empoisonné de la terre, & par-là rendent plus salubres les plantes qui les environnent. C'est ainsi que le méchant est forcé malgré lui d'être utile ; il sert, quoi qu'il fasse, à épurer la vertu ; il se charge de toutes les ordures de l'Humanité ; à celles dont il est déjà couvert, il ajoûte les taches qui empêchent cette même vertu de paroître dans tout son éclat.

Vous avez bien fait de conseiller à votre a mie de se montrer en public, & de prendre le ton qui lui convient ; que le vice démasqué soit bas & rempant, il n'en sera que plus difforme ; mais quand la vertu souffre, il lui va bien d'être fiere, de s'estimer, & d'avoir confiance dans ses propres forces.

Je m'acquitterai avec plaisir de l'emploi dont vous m'avez honoré; je vous réponds des jours de votre amie; je veux lui tenir lieu de père; nous la conserverons à Tompson avec le secours de vos lettres & de mes conseils.

Avez-vous oublié qu'il est tems de finir vos courses? N'avez-vous point assez éprouvé Waller? Vous devez savoir maintenant à quoi vous en tenir sur son compte. Je crois qu'il est tems de récompenser son amour, si vous ne l'avez point encore fait.

Revenez donc au plutôt parmi nous, belle Auréli, revenez contribuer à nos amusemens; vous trouverez ici des amis, des parens, qui vous ſont ſincèrement attachés : comment pouvez-vous leur préférer des étrangers ? Savent-ils mieux que nous comment il faut aimer ? Songez que vous êtes un bien qui nous appartient, & que le tems que vous leur donnez, eſt un vol que vous nous faites.

Je n'ajoûterai qu'un mot à tout ce que je viens de dire. Votre amie me parle continuellement de vous, & me demande, ſi je ne ſais point quand vous revenez. Faites-moi ſavoir la réponſe que je dois lui faire.

JACQUES TOWON.

A Londres, *ce* 17 *Mai* 1765.

LETTRE LXII.

MISS AURELI,

AU DOCTEUR TOWON.

VOUS m'avez fait le plus grand plaisir, en m'apprenant que vous étiez auprès de Miss Tilnei. Je compte avant peu serrer cette tendre amie dans mes bras, & vous remercier de vive voix des peines que vous vous serez données.

Puisque vous m'avez rendu ma gaieté, je veux vous en récompenser, en jâsant long-tems avec vous; entretenons-nous un peu de Monsieur de Voltaire; je ne vous en ai point encore parlé depuis que je suis ici.

Le grand nombre d'étrangers qui passent continuellement par cet endroit, contribue à rendre ce séjour agréable.

Plusieurs se trouvent attirés par le voisinage de cet homme célèbre ; c'est une espèce de pélérinage pour les Grands, ainsi que pour les gens de Lettres ; les uns y viennent pour s'instruire, les autres par curiosité ; & tel qui n'eût point fait un pas pour le voir à Paris, n'hésite nullement à faire cent lieues pour venir le visiter dans sa retraite : on s'imagine être Philosophe, quand on a fait ce voyage.

Après Fontenelle, M. de Voltaire est celui de nos Grand-Hommes qui a le plus joui de sa réputation pendant son vivant.

Il est constant que, depuis Homere, nous n'avons eu que six Poëtes épiques, qui méritent d'être regardés comme tels. De ce nombre, quatre ont vécu dans la misère ; les hommes, d'accord avec la fortune, ont pris plaisir à les humilier.

Virgile, ainsi que l'Auteur de la Henriade (*a*), sont les seuls qui aient eu le talent de captiver cette même fortune, de commander à leur siècle; & qui aient su allier l'esprit d'œconomie avec les écarts du génie.

C'étoit autrefois un ton, que d'être introduit chez la belle Ninon de l'Enclos, & d'être admis à sa société. Aujourd'hui c'en est un que d'entretenir correspondance avec M. de Voltaire. Il n'est point de si mince Auteur, point de faiseur de bouquets & de madrigaux, qui ne lui écrive au moins une fois par mois.

Il est assez bon pour répondre à

(a) Monsieur de Voltaire se plaint des hommes; il y a lieu de croire qu'il a raison: cependant il devoit les connoître. Que ne les ménageoit-il, comme il a ménagé la fortune? il en eût tiré meilleur parti.

tout le monde. Vous verſifiez comme Racine, dit-il à celui-ci ; vous penſez auſſi fortement que Corneille, mande-t-il à celui-là : courage ; je vous prédis que vous me remplacerez.

Un homme d'eſprit, de ſes amis, ne put s'empêcher un jour de lui témoigner ſa ſurpriſe, de ce qu'il flattoit ainſi les petits talens. Que voulez-vous que je faſſe, lui répondit-il ? Je n'ai que ce moyen pour me débarraſſer d'eux. En diſant à tous ces étourneaux qu'ils ſont des aigles, ils le croient. Au-lieu de s'occuper à faire des Logogryphes, ils font des Poëmes & des Tragédies. Cela ne ſe fait point en un jour. Pendant le tems qu'ils travaillent, je reſpire, & je ſuis tranquile.

Vous conviendrez, Docteur, que cette façon de ſe défaire de tels importuns, eſt on ne peut pas plus honnête. Bien des gens y trouvent leur profit. Monſieur de Voltaire, tout le premier, y gagne des partiſans, quoiqu'il n'en ait pas beſoin ; le petit Auteur, de la ſuffiſance & de l'orgueil ; le Libraire, des fonds de boutique : tout cela fait aller le monde.

J'ai connu un homme de Lettres qui n'étoit pas ſi complaiſant. Quand un jeune Auteur venoit le conſulter ſur ſes premières productions, il lui demandoit s'il ne ſavoit pas faire quelque autre métier ; ſi, par hazard, il lui répondoit oui : je vous conſeille, reprenoit-il durement, d'abandonner celui que vous faites, & de prendre celui que vous négligez : vous me paroiſſez plus propre pour l'un que pour l'autre.

Comment trouvez-vous, Docteur, cette façon d'encourager les talens. Ce bourru ne reſſembloit guères au fameux Montesquieu (a), qui prenoit plaisir à *converser avec les hommes les plus simples, & à leur trouver de l'esprit.*

Depuis quelques jours, la Comtesse..., qui ne m'a point quittée, me persécute pour aller faire un tour à Fernei. J'ai jusqu'à présent résisté à toutes ses importunités; mais je crains d'être forcée de céder.

J'aurois souhaité que Waller y eût été seul. Quel rôle des femmes peuvent-elles jouer vis-à-vis d'un vieillard qui ne leur inspirera que du respect? C'est un triste personnage qu'un admirateur. Quelle conversation tenir? Je ne doute pas que ma compagne ne s'en tire au mieux; pour moi, j'appréhende de n'y paroître que sotte & ridicule.

(a) Voyez l'Eloge de ce Grand-Homme par M. d'Alembert.

J'ai présenté toutes ces difficultés; mais on les a levées, en me disant, que je ne devois m'embarrasser de rien; que Monsieur de Voltaire sauroit, malgré moi, me faire avoir de l'esprit. Je vous promets, m'a dit quelqu'un qui le connoît particulièrement, que vous lui ferez plaisir. Il estime beaucoup votre nation; & pour vous rassurer sur la démarche que vous craignez de faire, je vous dirai que, dès sa tendre jeunesse, les Grâces sont toujours venues le chercher; vous n'avez jamais entendu dire qu'il les ait mal accueillies. Tout cela est fort joli, ai-je répondu à mon tour; les Grâces, dont vous parlez, étoient familières avec lui : comme je n'ai pas le même avantage, souffrez que je reste ici.

Nos deux Anglois sont partis d'hier pour Paris. Est-il vrai, m'a demandé celui qui n'aime pas les François, que cette Ville ſoit auſſi belle & auſſi peuplée qu'on le dit ? Vous en jugerez, quand vous y ſerez, lui ai-je répondu. Si vous voulez y avoir de l'agrément, débarraſſez-vous de quelques préjugés qui vous reſtent ; n'ayez pas l'orgueil de croire, qu'on ne ſait penſer qu'en Angleterre ; la nation Françoiſe penſe auſſi-bien que vous, & s'amuſe mieux ; ſa philoſophie eſt préférable à la vôtre : prenez de ſes leçons, elle vous enſeignera ce qu'il faut faire pour être heureux.

Je ne ſais comment cet homme aura pris les conſeils que je lui ai donnés. Je doute fort qu'il en profite ; j'ai mortifié ſon amour-propre.

C'eſt une vertu, ſans doute, que d'aimer ſon Pays ; ce n'en eſt plus une, quand l'amour qu'on a pour lui nous fait haïr nos voiſins ; l'orgueil personnel alors se met de la partie: on croit le déguiser, en lui donnant un beau nom.

ÉLISABETH AURELI.

A Genève, ce 25 Mai 1765.

LETTRE LXIII.

Le Docteur Towon, a Miss Aureli.

Je ſuis fâché, Miſs, que vous quittiez Genève, ſans avoir été voir Monſieur de Voltaire.

On eſt ſatisfait, quand on conſidère de beaux monumens; on doit l'être davantage, quand on converſe avec le génie qui les a élevés.

Ainſi penſoit Pierre-le Grand, qui, non content d'admirer Richelieu, eût encore voulu poſſéder ce Grand-Homme.

Ainſi penſe Frédéric: tout chef-d'œuvre attire ſes regards, ſans empêcher ſon attention de ſe fixer ſur l'Auteur.

Si Waller & la Comteſſe n'ont

point encore fait le voyage de Fernei, vous ferez bien de les y accompagner.

Je me préparois à vous écrire une lettre au moins aussi longue que la vôtre ; mais votre amie me fait prier de passer chez-elle; j'apprends qu'elle est avec un étranger de bonne mine, & que vous faites le sujet de leur conversation.

JACQUES TOWON.

A Londres, ce 30 Mai 1765.

LETTRE LXIV.

Le Docteur Towon, a Miss Aureli.

NOTRE ſociété vient de s'augmenter d'un tiers ; l'étranger, dont je vous ai parlé, eſt le Capitaine Murrai. Son nom doit vous être connu, puiſqu'il eſt votre parent. Il m'a parlé de vous & de Mylord Tompſon, comme de deux perſonnes qu'il eſtimoit beaucoup : je le crois ami chaud & vrai.

Cet homme ne pouvoit pas venir plus à propos ; il arrive de l'Inde : c'eſt pour nous, comme s'il tomboit du Ciel. Sa bonne humeur, ſon ton marin, ſon air ſans façon, mille petites hiſtoires qu'il raconte plaiſamment ; tout cela ne contribuera pas peu à ramener la gaieté parmi nous.

Il a rapporté avec lui une infinité de choses rares, qu'on ne trouve point dans notre Europe; tous nos appartemens en sont remplis.

De tous les présens qu'il m'a faits, celui que j'estime le plus est un livre Indien, qui contient quelques dialogues entre un Chinois & un Anglois ; votre parent a eu l'attention de le faire traduire.

Demain nous dinons à bord de son vaisseau ; il a rassemblé tous les Musiciens de la Ville, pour nous donner une fête. Myladi Tompson hésitoit à s'y rendre ; mais j'ai trouvé le moyen de la déterminer. Ne voyez-vous point, lui ai-je dit, qu'en nous accompagnant, vous faites quelques pas vers votre époux. Elle s'est mise à sourire un peu : puisque vous le voulez, m'a-t-elle répondu, je ſerai donc des vôtres.

Si vous voulez ſavoir ce que les Chinois penſent de leur propre gouvernement, je vous enverrai l'Ouvrage dont je vous ai parlé. Quand vous avez dit que c'étoit le peuple le plus corrompu de la terre, vous ne vous êtes point trompé.

JACQUES TOWON.

A Londres, ce 5 Juin 1765.

LETTRE LXV.

Miss Aureli, au Docteur Towon.

Je vous prie de m'envoyer votre livre Indien ; je ſuis curieuſe de voir comment un Chinois babille.

On a long-temps penſé que leur gouvernement devoit ſervir de modèle à tous les autres. *L'Auteur de* l'Eſprit des Loix en a parlé avec éloge. Un État dont la puiſſance ſeroit fondée ſur le pouvoir paternel, ſeroit effectivement quelque choſe de divin. Tel eſt, à ce que prétend ce même Auteur, celui des Chinois.

Je crois que le Préſident de Monteſquieu a trop bonne opinion du gouvernement de la Chine ; il s'eſt contenté d'examiner quel avoit été le but de ſes Légiſlateurs ; il a négligé de porter ſon attention ſur la cauſe qui les avoit déterminés à préférer telle forme à telle autre : c'eſt pour n'avoir pas remonté juſqu'à ce principe ; qu'il n'a pas vu tous les effets pernicieux qui réſultent de ce gouvernement.

Une ſimple lettre ne peut ſuffire, pour vous expliquer tout ce que j'ai à dire ſur ce ſujet ; je me réſerve à vous en parler, quand je ſerai à Londres ; on cauſe, on diſpute, on ſe contredit : cela fait naître les idées.

Dites au Capitaine Murrai, que j'ai été flatté d'apprendre qu'il ſe ſouvenoit encore de moi. Son amitié me ſera toujours précieuſe. Waller deſire ardemment de faire ſa connoiſſance.

Votre divertiſſement ſur l'eau eſt

très-bien imaginé ; je me doute bien qu'il a été fait exprès pour ma Charlotte : continuez de lui procurer de tems en tems de pareils amusemens, pour que son cœur se repose ; il faut égayer son imagination, & donner de l'occupation à son esprit.

ÉLISABETH AURELI.

A Genève, ce 14 *Juin* 1765.

LETTRE LXVI.

LE DOCTEUR TOWON,
A MISS AURELI.

VOUS trouverez, dans le paquet que je vous envoie, l'ouvrage que vous m'avez demandé : je ne ſais s'il vous plaira ; peut-être ſerez-vous de mon avis : le Chinois m'a paru s'éloigner un peu trop du caractère de ſa nation.

L'Europe n'eſt pas encore tout-à-fait déſabuſée ſur le compte de ce peuple. Le portrait que le Philoſophe Anſon a fait de ſes mœurs, n'eſt cependant guères à ſon avantage. Malgré cela, j'entends tous les jours des hommes me vanter leur gouvernement, & la ſageſſe de leurs loix.

Le reproche que vous faites à

l'Auteur de l'Esprit des Loix, est-il bien fondé ? Comme son plan est immense, & qu'il embrasse toutes les nations, il parcourt quelquefois différens Pays ; il est obligé de se transporter, tantôt dans une contrée, tantôt dans une autre ; ce qu'il dit d'un peuple, se trouve épars en cent endroits, mais est toujours bien appliqué au sujet qu'il traite. C'est ce qui a fait dire à ceux qui ne le comprenoient pas, qu'il n'y avoit point d'ordre dans son ouvrage. Je crains que vous ne vous soyez trompé comme eux. Quand on reprend un si grand homme, on doit y regarder à plusieurs fois ; il faut être Ajax, pour redresser la lance d'Achille.

Je suis exactement les conseils que vous m'avez donnés, au sujet de votre amie ; le Capitaine Murrai me seconde ; nous n'épargnons rien pour la distraire, & lui procurer de l'amusement.

Je me trouve trop heureux de pouvoir être utile à Miſs Tilnei, pour exiger quelque choſe de vous. Quand je lui rends quelque ſervice, j'apperçois dans ſes regards, dans ſes geſtes, dans ſon maintien, combien elle y eſt ſenſible : croyez-vous que je ne ſois pas aſſez récompenſé ?

JACQUES TOWON.

A Londres, ce 24 Juin 1765.

DIALOGUE
ENTRE
UN ANGLOIS ET UN CHINOIS.

LE CHINOIS.

J'AGIS ſans façon, comme vous voyez; je ne me conduis point en Chinois. Entrons dans ce cabinet; nous n'y ſerons interrompus par perſonne. Voici des ſièges, voici des couſſins : choiſiſſez.

L'ANGLOIS.

Vous me faites plaiſir de parler ainſi; car je n'aime point les façons. A quoi bon toutes vos cérémonies? Je ne puis les concilier avec votre avidité pour les richeſſes. Le tems que vous employez à les apprendre, & à les pratiquer, eſt un tems perdu pour le profit. Quand un sage a le malheur d'être né dans un Pays, où tout, jusqu'à la vertu, n'est que grimace, il fait fort bien de ne se conduire que par ses propres lumières.

LE CHINOIS.

Aussi fais-je. Mettons-nous tout-à-fait à notre aise; oublions les distances qui séparent nos deux nations; parlons comme si nous n'étions que des citoyens du monde; depuis quelque tems vous habitez mon Pays: disons ce que nous en pensons.

L'ANGLOIS.

Je reconnois, à ce langage, un homme qui mérite d'être libre. Dites-moi donc: pourquoi vos Législateurs ont-ils confondu la Religion, les Loix, les Mœurs & les manières? C'est à cela que j'attribue le peu de progrès que vous avez fait jusqu'à présent dans les ſciences, ſans en excepter la morale.

Le Chinois.

Un homme célèbre, dans votre Europe, prétend, qu'en confondant toutes ces choſes, *nous n'avons eu pour objet que la tranquilité de l'Empire*, & que, pour procurer cette tranquilité, nous avons formé l'état *ſur l'idée du gouvernement d'une famille* (*a*).

L'Anglois.

Cet homme fait trop d'honneur à l'intention de vos Légiſlateurs; au reſte, quand cela feroit ainſi, vous n'en êtes pas mieux gouvernés; il y a des familles fort mal réglées : je penſe que vous êtes du nombre.

(*a*) Voyez l'Eſprit des Loix, T. II, L. XIX, ch. XIX.

LE CHINOIS.

Cela peut être; mais il n'en est pas moins vrai, que c'est-là le but vers lequel toutes les opérations de notre gouvernement ont été dirigées.

L'ANGLOIS.

Je vous crois ; vous devez là-dessus en savoir plus que moi.

LE CHINOIS.

Je viens de vous dire quel a été le but de nos Législateurs. Je vais maintenant vous apprendre quelle a été la raison qui les a déterminés : écoutez-moi, je vous prie, avec attention.

L'ANGLOIS.

Je vous écoute ; car vous piquez ma curiosité.

LE CHINOIS.

Avant de donner une forme constante à un gouvernement, bien des siècles doivent s'écouler, bien des catastrophes doivent arriver ; ce n'est qu'avec le tems, qu'on peut connoître le véritable esprit d'une nation.

L'ANGLOIS.

Vous avez raison, & c'est parce que Pierre-le-Grand n'a pas connu l'esprit de la sienne, qu'il n'a fait qu'une besogne imparfaite.

LE CHINOIS.

L'expérience ayant fait appercevoir que l'amour de l'or étoit notre passion dominante, nos Législateurs portèrent toutes leurs vues de ce côté ; au-lieu de modérer par de sages loix l'ardeur que nous avions pour les richesses, ils cherchèrent au contraire à l'augmenter, & il nous fut permis de nous enrichir, par quelque voie que ce fût, excepté par celle de la violence.

L'ANGLOIS.

Fort bien ; vous n'avez pas mal

profité de la permiſſion qu'on vous a donnée; on réuſſira toujours à faire des hommes ce qu'on voudra, quand on les prendra par l'intérêt. Voilà pourquoi les Juifs, malgré les perſécutions qu'ils ont eſſuyées, ont toujours conſervé les mêmes mœurs.

LE CHINOIS.

Une pareille inſtitution ne put ſe faire, ſans renverſer tous les principes de la véritable morale ; cependant, comme il faut un frein pour contenir les hommes, il fallut ſubſtituer quelque choſe à ſa place, qui, ſans être elle, la repréſentât. On établit donc une multitude de rites, qui confondirent la Religion, les Loix, les Mœurs & les manières.

L'ANGLOIS.

Quand on vous examine de près, il eſt facile de voir que tout cela ne fait qu'un; une ſeule choſe vous occupe : ce ſont les manières.

LE CHINOIS.

Vous avez raiſon ; quand on a dit que nos Mandarins étoient matérialiſtes, on ne s'eſt point trompé ; cette doctrine ſera toujours celle de ceux qui regarderont la juſtice comme une choſe de convention, dont l'obſervation dépend de certaines circonſtances, & que les hommes peuvent admettre ou abolir à leur fantaiſie. Un peuple qui a une pareille façon de penſer, ne peut avoir qu'une Religion monſtrueuſe; c'eſt pourquoi, il vaut mieux ne lui donner que ce qui la repréſente : nous ſommes préciſément dans ce cas-là.

L'ANGLOIS.

Tant pis pour vous; je vous plains. Je ne m'étonne plus, ſi les grands traitent ici les petits, comme nous traitons dans mon pays les bêtes de ſomme.

LE CHINOIS.

Vous croyez donc que nous ſerions plus heureux, s'il entroit quelque choſe de ſpirituel dans nos rites (*a*).

L'ANGLOIS.

Belle queſtion que vous me faites !

LE CHINOIS.

Je crois que cela ne ſerviroit qu'à troubler nos conſciences, qu'à contredire notre gouvernement, & qu'à occaſionner des révolutions.

L'ANGLOIS.

Cela pourroit bien arriver, ſi on s'aviſoit de l'introduire à préſent ; quand on fonde un État, c'eſt alors qu'il doit en être la bâſe.

(a) Les préceptes des rites Chinois n'ont rien de ſpirituel ; mais ſeulement des règles d'une pratique commune. Eſprit des Loix, L. XIX, ch. XVII.

LE CHINOIS.

L'expérience, cependant, ne confirme pas votre sentiment; il existe parmi nous une secte qui croit à l'immortalité de l'âme (*a*), qui pense qu'une suprême Intelligence régit l'univers, & qu'elle se mêle de nos affaires : toutes ces choses n'ont servi qu'à en faire le rebut de la nation.

L'ANGLOIS.

Je n'en suis point surpris; en voulez-vous savoir la raison? Quand des scélérats s'avisent de croire en Dieu, ils le font toujours semblable à eux; leur culte se ressent de la difformité de leurs mœurs : il n'en faut pas

---

(*a*) *La Religion de Confucius nie l'immortalité de l'âme; celle de Foé l'admet. Le premier a tiré des conséquences admirables d'un faux principe; l'autre en a tiré de pernicieuses, quoique son principe fût bon.* Esprit des Loix, T. III, L. XXIV, ch. XIX.

conclure de-là qu'il soit inutile d'en avoir un (*a*).

LE CHINOIS.

Je ne dis pas cela; mais enfin il seroit bon de savoir en quoi il doit consister.

L'ANGLOIS.

Je pense que vous êtes aussi instruit que moi là-dessus. Il est inutile de nous étendre plus au long sur cet article : disons quelque chose de vos Mœurs & de vos Loix.

LE CHINOIS.

Nos Mœurs tiennent à notre Religion.

L'ANGLOIS.

C'est-à-dire que, n'ayant que le masque de celle-ci, vous n'avez également que l'apparence de celles-là.

(*a*) Le soin que les hommes doivent avoir de rendre un culte à la divinité, est bien différent de la magnificence de ce culte. Esprit des Loix, T. III, L. XXV. ch. VII.

LE CHINOIS.

Juſtement.

L'ANGLOIS.

Vous ne faites pas conſiſter les vôtres dans la pratique de certaines vertus, mais dans certains actes de civilité, dans une certaine tournure que vous ſavez donner à vos démarches, qui vous tiennent lieu de ces vertus.

LE CHINOIS.

Vous l'avez deviné.

L'ANGLOIS.

Par exemple, quand quelqu'un vient chez-vous faire des achats, vous ne croyez pas commettre une mauvaiſe action, en ne lui donnant pas la meſure qui lui appartient.

LE CHINOIS.

Ce ſeroit manquer à nos principes.

L'ANGLOIS.

Mais vous penſeriez en avoir fait une, ſi vous aviez omis de faire ce qu'il faut, pour lui persuader qu'il a sa mesure.

LE CHINOIS.

A merveille; vous voilà maintenant en état d'élever boutique à Pékin.

L'ANGLOIS.

Je vous remercie de la bonne opinion que vous avez de moi : mais vos Loix, que diront-elles ?

LE CHINOIS.

Nos Loix tiennent à nos Mœurs, comme nos Mœurs tiennent à la Religion; elles ne sont ni fixes, ni déterminées; nous les éludons, quand il nous plaît, ou nous les interprétons à notre fantaisie.

L'ANGLOIS.

Si vous avez la permission d'abuser des Loix, qui vous gouverne ? Ce sont donc les manières (*a*) ?

(*a*) Voyez l'Esprit des Loix, T. II, L. XIX, ch. XIII.

LE CHINOIS.

Voilà effectivement ce qui nous mène. Il est vrai qu'il y a encore quelque chose.

L'ANGLOIS.

Je vous entends; les manières sont bonnes de particulier à particulier : mais quand il s'agit de quelque affaire qui regarde le général, le pouvoir arbitraire s'en mêle, & le bâton va son train.

LE CHINOIS.

On n'a trouvé que ce moyen, pour nous rapprocher un peu du centre; sans cela, chaque Chinois n'existeroit que pour lui seul : ce ne seroit point tout-à-fait sa faute; ce qu'on lui apprend ne tend qu'à cela (*a*). Vous en paroissez étonné.

(*a*) *La Religion Chrétienne semble demander que tout s'unisse; les rites Chinois semblent ordonner que tout se sépare.* Esprit des Loix, T. II, L. XIX, ch. VIII.

L'ANGLOIS.

Non ; si je le suis, c'est de voir que vous ne soyez point plus corrompus. Vous devriez être des monstres. Si vous n'êtes point tels, vous n'en êtes redevables qu'à votre foiblesse. Vous ne devez votre conservation qu'à votre lâcheté ; & c'est parce que vous vous craignez les uns les autres, que vous vous laissez exister. Cela se prouve par le massacre de vos enfans. Vous ne balancez point à vous en défaire, parce que vous savez qu'ils ne vous résisteront pas.... Je me vois forcé de vous quitter, pour aller vaquer à mes affaires. Je reviendrai vous voir ; car j'ai encore envie de m'entretenir avec vous. Comme je compte partir dans peu, je vous conseille de mettre ordre à vos affaires, & de venir avec moi. Vous êtes trop honnête-homme pour reſter ici. Quand vous ſerez en Europe, vous choiſirez le Pays qu'il vous plaira, pour y vivre. Si vous demeurez en Angleterre, je m'en réjouirai; ſi vous préférez d'aller ailleurs, je m'en conſolerai, pourvu que vous ſoyez bien : au reſte, quel que ſoit l'endroit qui vous plaiſe, vous pouvez vous attendre à trouver un gouvernement qui n'autoriſe pas les vices. Adieu.

FIN.

TABLE DES LETTRES
DE LA SECONDE PARTIE.

Fin de la Table de la seconde Partie.

www.ingramcontent.com/pod-product-compliance
Ingram Content Group UK Ltd.
Pitfield, Milton Keynes, MK11 3LW, UK
UKHW022019170726
13837UKWH00001B/289

9 782329 238616